저스트 북스

소설로 영어 공부

눈사람

둘은 친구 사이로, 한때 일산에서 리딩클리닉 영어학원과 이지문 국어
학원을 각각 운영하였다. 지금은 두 사람 모두 직장에 다니고 있다. 기
획번역으로 《하루 15분 책 읽어주기의 힘》이 있다.

저스트 북스
소설로 영어공부

초판1쇄 발행 2021년 03월 25일

지은이 눈사람
펴낸이 정광진
일러스트 이운주

펴낸곳 (주)봄풀출판
디자인 모아김성엽

신고번호 제406-3960100251002009000001호
신고년월일 2009년 1월 6일

주소 경기도 파주시 회동길 455-2, 4층
전화 031-955-9850
팩스 031-955-9851
이메일 spring_grass@nate.com

ISBN 978-89-93677-79-9 13370

저스트 북스

소설로 영어 공부

눈사람 지음

이 책은

다니엘 페나크의 《소설처럼》에 기대고 있습니다.

고마워요, 다니엘!

차례

1

프롤로그

Let the sun shine on them, let the rain fall on them.
Soon your seeds will start to grow.

(*Arnold Lobel,《Frog and Toad Together》*)

언어는 빠져들고 스며드는 것. 영어도 자연스럽고 편하
게 다가서야 우리에게 조금씩 다가온다.

초 · 중 · 고 영어 사교육비는 매년 5~6조 원에 이른다. 사교육비를 줄이기 위해 2018년부터 수능영어를 절대평가로 전환했지만, 그 비용은 오히려 더 올랐다. 지금 분위기로는 영어에 투여되는 비용이 줄어들 것 같지 않고, 영어교육 환경도 쉽게 변할 것으로 보이지 않는다.

부모는 더 좋은 학원과 선생을 찾아 길거리를 헤매고, 아이들은 어려서부터 다시 또 차가운 영어를 시작할 것이다. 숨가쁘게 단어를 외우며, 끝도 없는 문법의 불규칙들을 머릿속에 주입하고, 매일 수십, 수백 개의 문제를 풀며 고단한 하루를 보낼 것이다. 이전에 부모가 걸었던 길을 아이들도 걷는 것이다.

국어에도 문법과 비문학이 있고 수능 준비로 문제를 계속 푼다. 하지만 시험을 마치면 그것으로 끝이다. 그 아이들이 자라 성인이 되어 간혹 시와 소설을 즐기는 경우는 있어도 취미로 단어를 외우고, 문법을 공부하며, 문제를 푸는 일은 없다.

미국의 '성인 읽기수준 조사연구(The National Adult Literacy Survey)'에 의하면, 미국 성인의 평균적인 읽기수준은 8학년이다. 하지만 상당수는 5학년 이하다. 고졸자는 8학년, 대졸자 평균은 10학년이다. 안전수칙이나 투약방법은 5학년 수준으로 쓰인다. 대중 소설가로 널리 알려진 존 그리샴, 댄 브라운, 딘 쿤츠의 소설은 7학년 수준이다. 그보다 어려우면 사람들이 읽지 않는다.

우리 수능영어는 6학년 수준 정도이고, 토플과 텝스는 8학년 수준이지만, 문학작품은 출제되지 않는다. 미국 수능언어인 SAT에는 문학이 포함되어 있다. 그런 이유로 토플과 텝스의 고득점자도 SAT에서는 높은 점수를 기대하기 힘들다. 우리 아이들의 읽기수준을 EPER(Edinburgh Project on Extensive Reading)로 테스트해 보아도 결과는 유사하다. 토플과 텝스의 성적이 높아도 7학년 수준을 넘기가 어렵다.

초등학교 때까지, 아니면 늦어도 중학교 때까지 영어책을 읽고 6학년 수준이 되는 건 어려운 일이 아니다. 그렇게 6학년 수준이 되어 고등학교에 가면 영어과목에 시간을 들이지 않아도 모의고사나 수능에서 높은 점수를 받을 수 있다. 다른 과목에 더 많은 시간을 쓸 수 있어 수능 준비에도 유리하다.

어떤 식으로든 영어를 많이 접해 적절한 양을 넘어서면 성적은 누구나 일정한 수준에 도달하게 된다. 그것을 이야기로 접근하면 오히려 시간도 줄이면서 재밌게 각자가 원하는 목표지점을 지날 수 있으며, 성적 외로도 확장해 나갈 수 있는 길이 열린다.

책을 싫어하는 아이는 있어도 이야기를 싫어하는 아이는 드물다. 잠자리에서 아이들에게 책을 읽어주거나 옛날얘기를 들려줄 때 불 끄고 빨리 나가 달라는 아이는 없다. 아이가 동화책을 싫어한다면 그 원인은 어른에게 있다. 활동적인 아이라고 해서 이야기를 싫어하는 것은 아니다.

이야기와 놀기는 서로 다른 영역이 아니다. 공을 갖고 놀고 싶을 때가 있고 이야기로 놀고 싶을 때가 있다. 공보다 책을 혹은 책보다 공을 좀 더 좋아할 뿐이다.

품에 안겨 그리고 잠자리에 누워 이야기 속으로 빠져 들어 본 아이들이 조금 더 커서는 그림동화와 동화의 세계로 들어간다. 어려서부터 이야기를 가까이했다면 영어를 비롯한 다른 언어들도 그렇게 자연스럽게 이어질 수 있다. 이야기에서 그림책으로, 그림책에서 동화로 그리고 소설로.

이 책에서는 읽기수준별로 3학년에서 7학년으로 나누어 단계별로 책을 소개하고, 거기에 기대어 내용을 전개한다. 6학년 수준이 되면 수능 준비가 편해지고, 7학년 이상이면 텝스나 토플과는 다른 새로운 영역을 접할 수 있다. 보고 싶었던 어려운 글들도 찾아 읽을 수 있게 되고, 인터넷이나 SNS의 다양한 정보와 툴을 활용할 수 있으며, 자신의 글을 쓸 수 있게 된다.

다만, 이 책에서는 미국의 학년 수준을 기준으로 삼았기 때문에 우리에게는 그 수준이 어렵거나 좀 높게 보일 수 있다. 미국 6학년 수준이면 수능을 잘 볼 수 있겠지만, 수능에서 높은 점수를 받았다고 해서 6학년 책을 읽을 수 있다는 보장은 없다. 학원 10년에 수능에서 높은 점수를 받은 학생들 중에도 4학년 책을 읽지 못하는 경우가 많다. 수능용 단어를 외우고 문제 푸는 기술만을 집중적으로 훈련했기 때문이다. 차라리 그 10년 동안 매일 30분씩 수준에 맞는 동화와 소설을 즐겨 읽었다면 여러 가지로 결과가 달라졌을 것이다.

아이들뿐 아니라 성인에게도 미국의 3학년 수준 책들이 읽기 어려울 수 있는데, 3학년 수준이 어렵다면 1, 2학년 수준에서 시작해도 좋다. 아이도 어른도 하루 30분 이상 일주일에 한 권을 수준별로 꾸준히 읽어나가면 6개월 정도에 한 단계를 끌어올릴 수 있다. 개인에 따라 시간차는 있겠지만 누구든 목표지점에 도달할 수 있다. 경쟁심이 지나치면 포기할 수도 있다. 천천히 즐기며 꾸준하게 가는 것이 무엇보다 중요하다.

루시우스 셔먼(1893)은 15세기에 50단어로 이루어져 있던 문장이 19세기 말에는 평균 23단어로 줄어들었음을 밝혀냈다. 현대는 평균 20단어로 더욱 짧아졌다. 문어체가 구어체로 변한 것이다. 오래된 글일수록 문장 안에 단어가 빽빽하고, 문장들은 하나같이 길어 끊어질 줄 모른다. 한 문장을 소리 내어 읽기도 쉽지 않다.

1920년대부터 많은 교육학자들은 학년별 교육교재 개발을 위해 단어의 수와 문장의 길이에 따라 읽기의 난이도를 연구하고 측정해 왔다. 그래서 나온 것이 'Readability

Formula(읽기수준 공식)'이다. 현재는 그 모델만 해도 200개가 넘는데, 널리 알려진 것이 Flesch-Kincaid 테스트, SMOG Index, Lexile Score, Fry Readibility Formula, Guided Reading Level, Development Reading Assessment 등이다. 이들 대부분의 공식은 대상 문장들에서 뽑아낸 200개 이상의 단어를 통계적으로 처리하여 읽기수준(난이도)을 학년의 값으로 추정한다.

이런 수준평가가 아주 정확하다고 단언할 수는 없다. 하나의 텍스트에 대한 공식들의 결과도 조금씩 다르게 나타나기도 한다. 하지만 플레쉬가 지적한 대로 각 공식의 결과를 너무 엄격한 잣대로 사용하지 말고 느슨한 기준 정도로 활용한다면 꽤 유용하게 쓰일 것이다.

이 책에서는 각 학년의 수준(미국 초등학교 기준)을 기본 단어, 읽기수준으로 분류한 뒤 책을 선정했다. 실제 분류에서는 문법의 수준도 고려했으나 여기에는 포함하지 않았다.

Grade 3 **단어** 1300

수준   **Yomiyasusa Level 3.5, EPER Level D,**
        TOFEL-IBT 30, TOEIC 300

Grade 4 **단어** 1800

수준   **Yomiyasusa Level 4.5, EPER Level B~C,**
        TOFEL-IBT 50, TOEIC 500

Grade 5 **단어** 2500

수준   **Yomiyasusa Level 5.5, EPER Level A,**
        TOFEL-IBT 70, TOEIC 650

Grade 6 **단어** 4000

수준   **Yomiyasusa Level 6.5, EPER Level X,**
        TOFEL-IBT 80, TOEIC 730

Grade 7 **단어** 5000

수준   **Yomiyasusa Level 7.5**

2, 4, 6, 8, 10에서는 학년별로 다섯 편의 작품, 총 스물다섯 편의 이야기를 소개하고 몇 작가의 비하인드 스토리도 모아보았다. 나머지는 영어학습과 관련된 이야기들이다.

12에서는 읽기수준별로 1학년부터 7학년까지 각 50권씩 350권의 작품을 골랐다. 좋아하는 작가에 따라 주제나 소재별로 취향에 맞는 이야기를 골라 읽어나가고, 그것으로도 부족함을 느낄 땐 한 해 5천 권씩 발간되는 신간에서 골라 읽어도 좋다.

뛰어난 작품이라 해서 누구에게나 다 좋을 수는 없고, 선호 대상도 시대에 따라 달라지지만, 여기에서는 자기만의 색깔을 지니고 꾸준히 작품을 내며 아이들과 어른들 모두에게 사랑받는 작가들의 작품을 골랐다. 필독목록이 아님을 명심하자. 필독은 재미와 상극이다.

The Finger Test

즐겁게 책을 읽으려면 너무 어렵지 않아야 한다. 읽기 어려운 책일수록 단어가 길고 한 문장을 채운 단어의 수도 많다. 시제도 복잡하고 가정법이 시도 때도 없이 나타나 우리를 괴롭힌다. 무엇보다 결정적인 것은 낯선 단어다. 대충 넘어갈 수 없는 단어가 자꾸 나오면 독서는 독해로 가고, 그런 순간이 잦아질수록 이래저래 책은 멀어진다.

아주 간단하게 자신이 읽을 수준을 테스트해 볼 방법이 있다. 책을 읽으며 모르는 단어를 직접 세어보는 것이다. 한 페이지 안에 발음도 의미도 모르는 단어가 다섯 개이내면 자신이 읽을 만한 책이다. 그걸 넘으면 그 책은 내려놓는 게 좋다.

읽기수준을 EPER 테스트나 Lexile 스코어로 좀 더 정교하게 측정할 수도 있다. 손가락 테스트가 눈대중이라면 다른 테스트들은 줄자로 재어보는 것과 같다. 하지만 책을 읽어나가는 데는 손가락 테스트로도 충분하다.

읽기수준이 맞아도 이야기가 아이들에게 너무 잔혹하거나 선정적이라면 읽지 않는 편이 낫다. 한번 싫어지거나 겁을 먹으면 그것을 다시 시작하는 데 아주 오랜 시간이 걸릴 수 있기 때문이다. 그래서 책의 읽기수준은 읽기와 내용의 수준으로 결정된다. 이 책에 소개된 책들도 이에 따라 고른 것들이다. 물론, 청소년과 어른이라면 내용이 어떻든 읽기수준이 맞고 재미있으면 무슨 책이든 좋다. 미국 초등학교 기준으로 나타낸 읽기수준은 한 학년 아이들의 평균치가 아니고 최소치이다. 5학년 수준의 책을 읽지 못한다면 5학년 수업은 어렵다.

2

3학년 읽기

3학년 수준의 책들을 읽어보자. 쉽고 갈등구조가 단순하며 결말이 시원하다.

　마빈은 코를 후비고(《Why Pick on Me?》) 리지는 입을 닫는다(《Lizzie Zipmouth》). 소심한 호피는 사랑을 훔치고(《Esio Trot》) 전학한 데이지는 친구와 갈등을 겪는다(《Sleepovers》). 그리고 따분한 조지는 마침내 행동을 개시하지만 난관에 부딪힌다(《George's Marvelous Medicine》).

　아이는 이야기로 세상을 보고, 어른은 자기 속의 아이를 발견한다.

Why Pick on Me?(Marvin Redpost 2)

글 **Louis Sachar(1954~, US)**
그림 **Barbara Sullivan**
요약 **너는 코 안 후벼?**

쉬는 시간에 마빈과 클라렌스가 말싸움을 한다. 클라렌스가 갑자기 마빈을 놀려대기 시작하고 아이들도 이에 합세한다.

> *"You were picking your nose!"*
> *"I was not!"*

"You were snot?"

깔깔대는 아이들. 마빈은 순식간에 코 후비는 더러운 아이가 되고 만다. 온갖 수모를 겪으며, 가까웠던 친구들마저 등을 돌리자 마빈은 빠져나갈 방법이 없을까 궁리한다.

루이스 새커의 다른 책들

• 《Kidnapped at Birth》난 왕자일지도 몰라 | Grade 3

• 《Sideways Stories from Wayside School》
이상한 학교의 이상한 아이들 | Grade 4

• 《Someday Angeline》아직은 아이인 천재 | Grade 4

• 《There's a Boy in the Girls' Bathroom》
세상에 나가는 브래들리 | Grade 4

• 《Wayside School is Falling Down》
이상한 학교의 이상한 사건들 | Grade 4

• 《Holes》저주받은 집안, 저주받은 땅 | Grade 5

Lizzie Zipmouth

글 **Jacqueline Wilson**(1945〜, UK)
그림 **Nick Sharratt**(1962〜, UK)
요약 **입을 닫아 버린 리지**

두 번째 새아빠가 생기며 리지는 입을 다물고 한마디
도 하지 않는다. 처음에만 친절한 척했던 첫 번째 새아빠
에게서 받은 상처 때문이다. 그런 딸의 마음은 아랑곳없
이 얼마 되지도 않아 엄마는 또 새아빠를 만나며 리지에
게 약속한다.

"He is not a bit like the last one, Lizzie, I promise."

아빠는 없어야 한다. 둘만으로도 행복한데 왜 엄마는 자꾸 새아빠를 만나는 것일까? 말해 봐야 입만 아프다. 입을 닫아버리는 수밖에.

"I decided not to say a word to anyone."

재클린 월슨이 즐겨 다루는 주제는 '가족의 재탄생'이다. 새로운 가족의 탄생을 위해 기존 가족은 파괴된다. 그때 필연적으로 갈등이 발생하는데, 매일 마주칠 수밖에 없는 가족이어서 비극이다.

재클린 윌슨의 다른 책들

- 《The Mum-Minder》아픈 엄마 돌보기 | Grade 3

- 《Sleepovers》데이지의 친구 쟁탈전 | Grade 3

- 《Bad Girls》더 나쁘기 배틀 | Grade 4

- 《Double Act》쌍둥이라도 하나일 필요는 없어 | Grade 4

- 《The Lottie Project》이야기 속 이야기 | Grade 5

- 《The Story of Tracy Beaker》
  트레이시, 이젠 그만 좀 속여 | Grade 5

- 《The Suitcase Kid》
  엄마네서 일주일, 아빠네서 일주일 | Grade 5

- 《Girls in Love》
  엘리의 남자 친구는 가짜(Girls 4부작 1권) | Grade 6

- 《Girls in Tears》
  눈물은 오해에서(Girls 4부작 4권) | Grade 6

- 《Secrets》부모를 대신하는 친구 | Grade 6

Esio Trot

글 **Roald Dahl(1916~1990, UK)**
그림 **Quentin Blake(1932~, UK)**
요약 **사랑을 위해서라면**

　은퇴한 호피는 아래층 사는 과부 실버를 사랑한다. 그러면서도 말 한마디 한번 제대로 건네지 못한다. 실버는 거북이 알피에게만 온통 정신이 팔려 있다. 호피는 그런 알피가 부럽기도 하고 얄밉기도 하다. 마침내 호피는 사랑을 얻기 위한 작전을 개시하고, 순진한 실버는 호피가 가르쳐준 대로 알피에게 주문을 외운다.

"ESIO TROT, ESIO TROT…."

(*Tortoise….*)

"TEG REGGIB REGGIB…."

(*BIGGER BIGGER GET….*)

    로알드 달은 아이들에게 어른들의 세계를 그대로 보여준다. 그가 펼쳐놓은 세계에는 속여먹고, 사기치고, 잔인하며, 위선적이고, 자기밖에 모르는 인간들이 넘쳐난다. 우리가 모르는 척 감추고 싶어하는 세계를 여지없이 드러낸다. 아이들은 로알드 달이 만든 다양한 인물들을 통해 어른들의 세계를 훔쳐보고, 어른들에 대한 기대치를 떨어뜨린 후 세상에 나갈 준비를 한다.

로알드 달의 다른 책들

- 《Fantastic Mr. Fox》
  못된 부자들의 곳간 터는 미스터 폭스 | Grade 3
- 《George's Marvelous Medicine》
  못된 할머니 없애버리기 | Grade 3
- 《The Magic Finger》 초능력 손가락 | Grade 3
- 《The Twits》 멍청하고 잔인한 노부부 | Grade 3
- 《Charlie and the Chocolate Factory》
  버르장머리 없는 녀석들 | Grade 4
- 《James and the Giant Peach》
  제임스, 복숭아를 타고 날다 | Grade 4
- 《The Witches》 마녀를 모조리 쥐새끼로 | Grade 4
- 《The BFG》 동화의 언어 유희 결정판 | Grade 5
- 《Matilda》
  아이를 방치하는 부모, 아이를 싫어하는 교사 | Grade 5

Sleepovers

글 **Jacqueline Wilson(1945~, UK)**
그림 **Nick Sharratt(1962~, UK)**
요약 **단짝 친구 만들기**

　전학한 데이지는 아이들과 빨리 친해지고 싶다. 특히,
상냥하고 착한 에밀리와 더 빨리 가까워지고 싶다. 하지
만 에밀리에게는 단짝 친구인 클로에가 있다. 다섯 명의
친구들이 돌아가며 잠옷파티를 열게 되고, 데이지는 조금
씩 에밀리와 가까워진다. 그럴수록 클로에는 집요하게 데
이지를 괴롭힌다.

"You mean pig, Daisy!"

데이지의 집엔 숨기고 싶은 비밀이 있고, 데이지가 준비하는 잠옷파티는 점점 다가온다.

오래전에 이혼한 윌슨은 2020년 4월에 동성애자임을 공식적으로 밝혔다. 《Sleepover》에서 데이지가 에밀리에게 끌리는 장면이 조금 달라 보이는 것도 그런 점을 엿볼 수 있게 한다. 'Frog and Toad' 시리즈의 작가 아놀드 로벨도 결혼해 아이를 낳고 시리즈의 첫 책을 출간한 후 4년이 지난 1974년에 커밍아웃했다. 로벨의 딸 아드리안느는 이렇게 말한다.

"Frog and Toad는 동성이지만 서로 사랑해요. 시대를 앞선 셈이죠."

친구를 만나가는 이야기들

• 《Bad Girls》 겁쟁이 모범생과 좀도둑 불량소녀
 Jacqueline Wilson | Grade 4

• 《James and the Giant Peach》
 제임스, 벌레들과의 모험 | Roald Dahl | Grade 4

• 《Someday Angeline》 불운한 꼬마 천재 이야기
 Louis Sachar | Grade 4

• 《Because of Winn-Dixie》 외로움을 넘어서
 Kate Dicamillo | Grade 5

• 《Bridge to Terabithia》 친구는 행복을 꿈꾸게 해주는 다리
 Katherine Paterson | Grade 5

• 《Holes》 저주받은 집안의 외톨이, 저주받은 땅으로
 Louis Sachar | Grade 5

• 《Guardians of Ga'Hoole》 1~6
 올빼미 4총사, 악에 맞서다 | Kathryn Lasky | Grade 6

• 《Secrets》 인사이더, 아웃사이더 그리고 안네 프랑크
 Jacqueline Wilson | Grade 6

• 《The Whipping Boy》 대신 매 맞는 아이
 Sid Fleischman | Grade 6

George's Marvelous Medicine

글 **Roald Dahl(1916~1990, UK)**
그림 **Quentin Blake(1932~, UK)**
요약 **괴팍한 할머니 없애버리기**

외딴집에서 따분하게 살고 있는 조지 크랭키에게는 할
머니 한 분이 계신다. 그런데 그 할머니는 오로지 자기밖
에 모르고 입도 남달라 사람을 가리지 않고 아무 말이나
함부로 던져댄다. 조지는 그런 할머니가 무섭다. 불을 뿜
어대는 마녀 같다. 고심 끝에 조지는 할머니를 혼내줄 마
법의 치료약을 개발하기에 이르고, 할머니는 꿀꺽 그 약

을 단숨에 삼켜버린다.

"Oweeee!"

로알드 달의 《The Witches》에서는 할머니와 손자의 관계가 각별하지만, 이 작품에서 할머니와 손자 조지의 관계는 살벌하다. 조지의 눈에 비친 할머니는 이미 할머니가 아니라 조지를 언제든 불솥에 던질 수 있는 마녀다. 조지는 할머니를 혼내주기로 마음먹고, 아빠는 그런 아들을 격려하며, 엄마는 은근히 눈감아준다. 로알드 달이 65세 때 쓴 작품이긴 하지만 65세 이상이 읽으면 정신 건강에 해로울 수 있다.

3

단어

Don't worry about the bits you can't understand.
Sit back and allow the words to wash around you,
like music.

(*Roald Dahl,《Matilda》*)

영어소설을 읽다가 단어가 막히면 사전을 찾아야 할까? 사전을 찾는 순간 이야기의 흐름은 끊어지고, 그것이 몇 차례 반복되면 책읽기는 자칫 번역이 되고, 번역은 노동이 된다. 그런데도 몸에 붙어버린 습관으로 손은 자꾸만 사전으로 간다. 결국, 영어책 읽기는 작심삼일의 제물이 되고 만다. 흥미진진한 우리말 소설이라도 페이지마다 일일이 사전을 찾아가며 읽는다면 누구라도 이야기 결말에 도착하기 힘들다.

모르는 단어와 마주치면 상상의 힘으로 버티며 슬쩍 넘어가는 것이 좋다. 그 상상과 추측이 틀린들 어쩌랴. 그러다 뭔가 중요하다는 느낌의 단어가 나타나면 그때 한 번쯤 사전을 찾아보는 것도 좋다. 한 쪽에 하나 정도면 충분하다. 그런데 중요한 단어가 한 쪽에 다섯 개씩 나오고 추측도 불가하다면 책을 덮고 좀 더 쉽게 읽힐 책으로 물러서는 게 현명하다. 이겨보겠다고 덤비면 읽는 사람만 지친다. 사전으로 단어를 찾을 거라면 하나를 찾더라도 예문을 통해 다양한 용례를 살피는 게 좋다. 정확성을 키워줄 뿐 아니라 상상과 추리의 힘을 확장시킬 수 있기 때문이다.

영어권 아이들도 상황은 비슷하다. 책에는 모르는 단어들이 끝없이 펼쳐져 있고, 그것은 책을 읽어나가며 조금씩 해소된다. 책을 읽지 않으면 단어의 확장은 불가하고, 생각하는 힘과 표현 능력은 제한된다.

말과 생각의 출발은 단어다. 그것을 어떻게 만나고 익히느냐 하는 것은 매우 중요하다.

발음(이름)

단어의 의미를 알면 되지 왜 발음이 필요한가? 'see'라는 단어를 '보다, 알다, 만나다' 등의 정도로 의미를 파악하면 충분하지 않나? 왜 그것을 구태여 [siː]라고 소리 내어 발음해야 할까?

어떤 단어를 꼭 읽어야 하는 건 아니지만 우리는 그것을 보는 순간 머릿속에서 이미 의지와 상관없이 그 단어를 읽기 시작한다. 책을 읽을 때 머릿속으로 쉽게 읽히는 단어는 입으로 읽는 것보다 빠른 속도로 넘어가지만, 머릿속에서 읽히지 않는 단어를 만나면 읽기가 막히고 결국 의미도 파악되지 않는다. 물론, 읽을 줄 안다고 해서 의미가 저절로 이해되는 건 아니다.

모든 단어들은 자신의 이름(발음)과 의미를 지니고 있으며, 자신을 불러주고 또 자신의 정체를 파악해 주길 기다린다. 하지만 말을 배우는 입장에서 모든 것의 이름을 불러주고 이해해 줄 수는 없으며, 그렇게 하기로 마음먹어도 어렵다. 말은 계속 새로 만들어지기 때문이다.

초기에는 자주 사용하는 쉬운 말들부터 하나씩 친해지는 것이 중요하다.

의미 못지않게 단어의 발음도 중요하지만, 그렇다고 해서 그것을 표준어로 정확하게 발음해야 한다는 뜻은 아니다. 정확한 발음이 소통에 도움이 될 수도 있으나 발음이 정확해야 소통이 된다는 말은 아니다. 그런 식이라면, 아시아나 아프리카에서 유엔 사무총장이 나오는 일은 없었을 것이다. 우리말도 마찬가지. 말이 어눌하고 정확한 발음을 하지 못해도 소통능력이 뛰어난 사람은 얼마든지 있다.

영어 사용자는 12억이 넘는다. 이들은 사는 곳도, 생김새도, 구강구조도 다르다. 그러니 발음과 억양이 다른 것은 당연하다. 그래서 같은 영어라 할지라도 뉴욕과 뉴델리가 다르며, 런던과 홍콩이 다르다. 물론, 런던과 뉴욕도 다를 뿐 아니라 뉴욕 중심부와 변두리의 말이 다를 수 있다. 그렇다고 어느 발음이 더 좋다고는 말할 수 없다. 인도에선 인도식 발음이 소통에 더 유리할 수 있고, CNN을 보는 데는 표준발음이 더 편할 수 있다. 흑인들의 말에는 특유의 리듬이 있어 말과 음악이 가깝다는 것을 느끼게 된다. 백인의 표준어를 가볍게 볼 일은 아니지만, 그것을 우선할 이유도 없다.

영어는 다른 언어들로부터 수많은 단어를 빌려 써온

까닭에 파닉스가 생겼다. 이는 알파벳의 조합에 소리를
다르게 내는 방식인데, 열심히 익힌다 하더라도 직접 자
주 들어보지 않는 한 그 발음을 짐작조차 하기 어렵다.

Carlisle, Choir, Façade, per se, Premise, Sacher…….

그래서 머릿속에서만이 아니라 가끔은 소리 내어 읽어
보는 것이 필요하다. 책을 읽다가 흘러가듯 자연스럽게
넘어가기 위하여 그리고 그것을 이해하고 그것에 다가서
기 위하여 이름을 불러보는 것이다.

자신 있게 그 이름을 부르고 싶다면 먼저 자주 들어보
아야 한다. 아이의 경우, 부모가 읽어주면 더할 나위 없이
좋고, 그다음이 인내와 친절을 갖춘 선생이다. 그것이 어
려우면 오디오북에 기대는 것도 하나의 방법이다. 영미권
아동문학에서 많이 읽히는 책들은 상당수가 오디오북으
로 나와 있다. 오디오북의 종류가 다양해지고 수준도 높
아지면서 뛰어난 성우의 낭독은 이제 예술의 경지에 이
르고 있다.

그래도 부모가 읽어주는 편이 제일 좋다. 마리아 칼라

스의 자장가를 틀어주는 것보다 엄마 아빠가 토닥이며 직접 들려주는 노래가 아이를 더 편안하고 깊게 잠들게 한다. 이때 음악성이 문제되지 않듯 읽어주는 데 발음은 크게 문제되지 않는다.

아이에게 책 읽는 것을 들려주면 이야기의 속도를 맞출 수 있을 뿐만 아니라 단어 하나하나의 발음을 놓치지 않고 따라갈 수 있으며, 듣기 능력은 물론 집중력도 키울 수 있다.

의미

미리엄-웹스터 사전에 실린 단어 수는 50만 개에 가깝다. 영어는 세계의 다양한 언어들을 흡수하며 성장했고, 지금도 변화가 진행 중이어서 철자와 발음만으로 의미를 짐작하기는 쉽지 않다. 교육을 받은 영미권 성인이 사용하는 단어로 범위를 좁힌다 해도 그 숫자는 2만 개에 이른다. 8학년 수준의 소설을 즐겨 읽고 토플이나 텝스 같은 시험에서도 좋은 성적을 내려면 1만 개에서 1만 5천 개의 단어를 알아야 한다.

'단어 1만 개?'

그래서 영어는 또 함정에 빠져든다.

'하루 100개씩 100일이면 되지 않을까?'

한동안 세상을 떠들썩하게 했던 SQ(사회지능). 사람을 아는 것이 곧 성공의 열쇠! 만 명의 이름과 전화번호를 외우자! 자 이제 됐어. 연락해서 일 좀 시작해볼까.

"여보세요?"

"네, 누구세요?"

"……."

그렇게 일은 시작될까? 그 사람의 이름과 번호 등등의 몇 가지 정보가 성공의 문을 여는 열쇠가 될 수 있을까?

단어도 이와 비슷하다. 자주 보고 듣고 사용하고 다양한 쓰임새를 겪으며 그 말과 친해지는 것이다. 그렇게 가까워진 하나의 단어는 다른 말들과 연결되고 확장된다. 그런 만 개의 단어라면 상황은 달라진다. 원하는 글과 작품을 즐길 수 있고, 필요에 따라 원하는 성적을 낼 수도 있다.

그렇다면 단어는 어떤 방식으로 접근하고 기억하는 게 좋을까?

프랭크 허먼(2003)은 영어를 외국어로 배우는 대학생들을 대상으로 실험을 했다. 한 그룹에게는 조지 오웰의 《동물농장(Animal Farm)》에 수록된 단어를 외우게 했고, 또 다른 그룹에게는 책을 읽혔다. 1주 뒤 단어시험을 보았는데, 단순 암기 그룹의 성적이 좋았다. 그로부터 3주 뒤 다시 시험을 보게 했다. 두 그룹 간 차이가 나지 않았다. 단순히 단어를 암기한 그룹의 성적은 떨어지고 책을 읽은 그룹의 성적은 올랐던 것이다.

퍼거스 크레이크(1973)는 기억이 지속되기 위한 외부 자극으로 깊이 있는 해석을 꼽았다. 깊이 있는 해석은 의미를 생각하는 질적인 자극으로 가능하다. 반복되는 단순 암기로는 기억이 지속되기 어렵다.

허먼의 실험에서 특히 흥미로운 점은 책을 읽은 그룹이 객관식 문제(multiple choice)에 비해 주관식 문제(cloze test)에서 더 나은 성적을 보였다는 사실인데, 이러한 실험 결과는 퍼거스의 견해와도 일치한다.

내가 직접 만들어서 말하고 쓰는 생산적인 단어 (productive words)는 읽고 듣는 수용적인 단어(receptive words)에 비해 습득이 어렵다. 수용적인 단어는 수없이 읽고 듣는 과정을 통해 생산적인 단어로 전환된다. 단순 암기로 습득된 단어가 말하고 쓰는 데 유용하게 쓰이기는 쉽지 않다. 이야기의 흐름 속에서 파악되는 단어들과 여러 번 마주치고 친해져야 그것을 통해 말하고 쓰는 데까지 나아갈 수 있게 된다.

그러면 단어는 몇 번이나 마주쳐야 기억의 주머니에 남아 있게 될까? 읽기 전문가들에 따르면 적게는 4번이고 많게는 43번이다. 짐 트렐리즈는 12번을 주장한다. 책에서 모르는 단어를 만났을 때, 그것을 제대로 알아보는 데 12번이 걸린다는 뜻이다. 외워서 12번이 아니다. 이야기의 흐름(문맥) 속에서 상상하고, 틀리기도 하고, 짐작하며 그 실체에 다가선다. 그렇게 친해진 단어라야 기억에서 잘 도망가지 않는다는 말이다.

책에는 아는 단어와 모르는 단어 그리고 알아가고 있는 단어가 있다. 모르는 것은 알아가고 있는 것으로 바뀌고, 알아가는 것은 아는 것으로 바뀌어 간다. 이 중 알아가고 있는 단어가 매우 중요한데, 그 과정에서 상상과 추리의 센서가 작동된다.

단어를 짐작하고 추리하는 힘은 이야기의 흐름에서 나온다. 낯선 단어를 감싸고 있는 주변의 다른 단어들과 문장 그리고 그것들이 구성한 문단이다. 또한, 문단은 문단으로 이어져 커다란 이야기의 흐름을 구성한다. 이사벨 벡(1983)은 이야기의 61퍼센트가 미지의 단어를 추정하는 데 실마리를 제공하며, 31퍼센트는 중립적이고, 8퍼센트만이 잘못된 추리를 하게 한다고 말한다. 그의 주장 대로라면 우리는 이야기의 흐름 속에서 단어의 실마리를 찾아낼 수 있다.

예를 들어보자. 주디 블룸의《Tales of a Fourth Grade Nothing》에서 Fudge의 성격을 드러내는 부분이다.

"*The only time I really like him is when he's sleeping. He sucks four fingers on his left hand and makes a slurping noise*."

위 글에서 'slurp'를 추리해 보자. 손가락을 빨면서 자는 아이는 어떤 소리를 낼까?

좋은 문단에는 대체로 중심문장이 하나다. 다른 문장과 단어들은 그 하나의 메시지를 위해 힘을 모아준다. 바위를 연구하는 사람들이 그것의 실체를 밝히기 위해 바위를 깨 분석해 볼 뿐 아니라 주변 지형과 그것이 놓인 위치 등도 살피듯 단어 주변에는 그 실체를 밝힐 수 있는 단서들이 널려 있다.

Middle Words

단어는 크게 기본단어(basic words), 학술어(academic vocabulary), 중간단어(middle words)로 나눌 수 있다. 이 세 종류의 단어들은 고정적이 아니어서 서로 겹쳐 있기도 하고, 때로 위치를 바꾸기도 한다.

기초단어란 자주 사용되는 익숙한 단어들이다.

> *a*, *come*, *elephant*, *get*, *go*, *her*, *is*,
> *monkey*, *pretty*, *the*, *there*, *ugly*…….

학술어는 논문이나 시험에서 흔히 보는 전문적인 용어들이다. 영미권 아이들도 초등학교 고학년이 되면 한 주에 수십 개씩 사전을 찾아가며 외우고 퀴즈를 보기도 한다. 우리 아이들도 많이 아는 단어들이다.

bankrupt, catastrophe, claustrophobia,

depression, exterminate, galvanize,

liability, literature, meteor, pension,

tangible, ubiquitous…….

이러한 학술어는 상대적으로 의미가 좁고 명확한 편이어서 필요할 때 외우는 것이 빠르다. 또 학교에서 늘 외우게 하는 어휘들이니 따로 걱정할 필요 없다.

6학년 수준의 소설에까지는 학술어가 모습을 잘 드러내지 않는다. 아이들 세상에 파산, 참사, 밀실공포, 우울, 절멸 등의 단어는 어울리지 않기 때문이다. 하지만 7학년으로 가면 상황이 달라진다. 무거운 어휘들도 심심찮게 나타나 아이들에게 말을 걸어온다. 필립 풀먼이 창조한 《His Dark Materials》의 평행우주에서 고메즈 신부는 라이라를 암살하려고 고행을 통해 면죄부(Preemptive Penance and Absolution)를 얻는다. 평소에 못 보던 단어들이다.

그러나 정작 우리를 괴롭히는 것은 학술어가 아닌 중간단어들이다. 기초단어와 학술어 사이 양쪽에 다리를 슬쩍 걸친 채 알 듯 말 듯 우리를 늘 긴장시키는 말들이다.

많이 본 듯한데 의미를 포착하기 힘든 단어들이다.

> *ashen, break a leg, callous, giddy,*
> *hamper, gash, make it, mutt, pokey,*
> *pull over, put up with, tawny……*.

중간단어에는 같은 동작을 표현하는 동사가 많다.

> *beam, break up, cackle, chortle,*
> *chuckle, crack up, giggle, gloat,*
> *grin, guffaw, laugh, roar, smile,*
> *smirk, sneer, snicker, snort, titter……*.

모두 '웃다'지만 상황에 따라 쓰임도 다르고 느낌도 다르다. 'laugh'를 피터 마크 로제의 유의어 사전인《Roget's Thesauru》에서 찾아보면 유의어만 50개가 넘는다. 모두가 중간단어들이다.

중간단어에는 카멜레온을 닮은 단어도 많다. 'suspend'를 살펴보자. 실을 매달고, 공중에서 떠돌아다니고, 자동

차가 지닌 충격을 완화하며, 학생을 정학시키고, 운행을 중지시키며, 판결을 보류시키고, 내각을 실각시키며, 환자를 코마에 빠뜨린다.

그나마 'suspend'는 의미의 확장이라 놓인 상황에 따라 추측이 가능하지만, 모양과 발음이 똑같아도 의미를 추적하기 어려운 경우가 있다.

'story'는 이야기이면서 충이다. 'yarn'은 이야기이면서 실이다. 'tear'는 눈물을 흘리고, 찢거나 달린다. 'tip'은 사례비이면서 끝이고 충고이다.

또 영국과 미국에서는 각자 전혀 다른 단어를 쓰는 경우도 적지 않다.

flat/apartment, *tap/faucet*,
flying saucer/UFO, *tube/subway*······.

우리가 아주 잘 아는 기초적인 단어들도 상황에 따라 자주 변한다. 시험에서 종종 보는 것들이다. 'read 읽힌다, sell 팔린다, help 멈춘다, walk 함께 걷는다, go 변한다,

worry 걱정한다, 걱정시킨다' 등.

> *The poem reads like this.*
>
> *The book sells well.*
>
> *Death cannot be helped.*
>
> *I'll walk you.*
>
> *She went red.*
>
> *Don't worry about it./ It worries me.*

　명사와 형용사가 동사가 되기도 한다.

　'brave'는 위험을 무릅쓰고, 'empty'는 뭔가를 비운다. 'cock'은 고개를 쳐들고, 'duck'은 고개를 수그린다. 'scale' 은 비늘을 벗기고, 'skin'과 'scalp'는 껍질과 두피를 벗긴 다. 'well'은 차오르고 'line'은 줄을 선다.

　동화나 소설 수필 등의 이야기책들 속에는 이런 중간 단어들이 중심이다. 작가들은 자신만의 중간단어 창고에 서 이야기에 알맞은 재료를 세심하게 고른 뒤, 이야기 속 알맞은 위치에 그것들을 배치하고 수를 놓아 완성한다. 잘 짜인 이야기는 많이 말하지 않아도(Tell) 잘 보여줄 수 있다(Show). 그것이 우리를 이야기 속으로 끌어들인다.

중간단어들은 고양이와 같아 친해지면 더할 나위 없지만 친해지기가 어렵다. 하지만 중간단어와 친해지지 않고서는 영어라는 비밀의 문을 열기가 어렵다. 그리고 중간단어들은 텝스와 토플의 마지막 10퍼센트를 결정짓는 관문이기도 하다. 그 문을 넘어서려면 책을 꾸준히 읽어야 한다.

The Magic Number

한 페이지에는 수백 개의 단어가 실려 있다. 4, 5학년 수준의 영어책에는 보통 2백 개가 넘는다. 그럼 이 중에서 몇 개까지 몰라도 우리가 책을 이해하며 볼 수 있을까? 그 경계선이 어디일까? 재미있으면 이해가 더 잘되는 걸까? 아니면 이해가 되어야 더 재미있는 걸까?

이해가 우선이라고 보는 보수파의 경계선은 엄격하다. 《Essentials of Teaching Academic Vocabulary》의 저자 에이브릴 콕스헤드는 읽기에 의미가 있으려면(Meaningful Extensive Reading) 책에 있는 단어의 99퍼센트는 알아야 한다고 주장한다. 재미있는 책이라도 최소 97퍼센트는 알아야 한다는 것이다. 이와 달리, 흥미가 무엇보다 중요하다는 자유파의 경계선은 너그러운 편이다. 《The Read-Aloud Handbook》의 저자 짐 트렐리즈는 아는 단어가 90퍼센트면 책을 읽는 데 충분하다고 본다.

이해를 해야 즐길 수 있다고 보는 보수파에서는 길잡이 독서(Guided Reading)를 권한다. 아이에게 읽기수준(Reading Level)에 맞는 책을 읽히라는 말이다. 자유파는 흥미야말로 어려운 책을 읽게 해주는 힘이라고 강조한다. 강압적인 길잡이 독서가 책읽기의 동기를 무시한다고 주장한다. 간단히 말해, 보수파는 '어려운 책은 읽히지 말라'는 것이고, 자유파는 '재미있는 책을 읽히라'는 것이다. 그 둘 사이에서 명쾌한 결론을 내리기는 어렵다.

책의 한 페이지를 채우고 있는 200개의 단어 가운데 적게는 2개, 많게는 20개까지 모르는 단어가 있어도 아이는 단 하나의 실마리로 이야기를 짐작할 수 있다. 아이들에게 책을 읽혀본 사람들은 알겠지만 대체로 10개 정도가 그 한계선이다. 어른의 경우는 이보다 더 적다. 그렇지만 책을 재미있게 읽으려면 5개 이내가 좋다.

4

4학년 읽기

4학년 수준부터는 책도 두껍고 단어도 쉽지 않다. 이야기 속에서 음모가 작동하고 갈등이 증폭된다. 결말이 항상 시원하지도 않다. 이야기가 현실세계로 한걸음 다가선 것이다.

천재이면서 문제아인 닉(《Frindle》), 동생이 없었으면 하는 피터(《Tales of a Fourth Grade Nothing》), 세상과 담쌓고 자기 세상 속에 갇혀 사는 브래들리(《There's a Boy in the Girls' Bathroom》), 따돌림 당할까 봐 두려운 질(《Blubber》), 자신이 눈에 띄지 않는 평범한 아이라고 생각하는 리 (《Dear Mr. Henshaw》).

여기 소개된 책들의 1장은 일종의 인물 소개서이다. 자기소개서 등을 써야 할 때 도움이 될 만한 좋은 글들이다.

Read as a writer!

Write as a reader!

Frindle

글 **Andrew Clements(1949~, US)**
그림 **Brian Selznick(1966~, US)**
요약 **기발한 닉과 사전광 그레인저 선생**

    모범생이고 영재면서 문제아인 닉이 5학년에 올라가 영어과의 독재자이며 사전에 미쳐버린 그레인저 선생과 충돌한다. 그레인저 선생의 이해할 수 없는 태도에 닉은 마침내 pen을 frindle이라 부르며 전쟁을 선포한다.

앤드루 클레먼츠의 다른 책들

• 《The Landry News》| 언론의 자유와 선생님 구하기 | Grade 5

• 《The Janitor's Boy》| 아빠는 우리 학교 수위 아저씨 | Grade 5

• 《A Week in the Woods》 위험한 산행 | Grade 5

• 《The Report Card》 천재성 감추고 살이내기 | Grade 4

Tales of a Fourth Grade Nothing

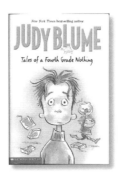

글 **Judy Blume**(1938~, US)
요약 **동생이 없었으면!**

피터는 평범한 4학년이다. 그에겐 동생 퍼지가 있다. 얼마나 정신없이 구는 아이인지 자고 있을 때가 그나마 예쁘다. 아버지가 광고하는 음료수 Juicy-O보다 더 끔찍하다. 그래도 가족들은 모두 퍼지의 편만 든다. 피터에게 위로를 주는 것은 거북이 드리블뿐이다. 퍼지는 그마저 삼켜버린다.

"I'm just a fourth grade nothing.

I wish Fudge had never been born!"

주디 블룸은 아들을 모델로 '퍼지'라는 인물을 만들어
냈다.

주디 블룸의 퍼지 연작

• 《Superfudge》| Grade 4

• 《Fudge-a-Mania》| Grade 4

• 《Double Fudge》| Grade 4

• 《Otherwise Known as Sheila the Great》| Grade 4

There's a Boy in the Girls' Bathroom

글 **Louis Sachar**(1954~, US)
요약 **몬스터 브래들리, 세상 밖으로**

숨만 쉬면 거짓말을 하는 아이. 숙제와 시험은 담쌓은
지 오래고, 아무도 짝이 되고 싶어 하지 않는 아이. 선생
님도 가족도 손을 들어버렸다. 브래들리는 모두를 위해
차라리 사라지는 편이 나은 몬스터가 되고 말았다. 세상
은 야비하고, 몬스터 브래들리는 그런 세상을 혐오한다.
방 안에 틀어박혀 인형들과 살아갈 수밖에 없다. 그때 상
담교사 칼라 데이비스가 새로 부임하고, 브래들리에게 꿈

같은 일이 벌어진다.

악마 같은 담임선생 이블(Ebbel, evil의 변형), 물고기처럼 겁 많고 소심한 피쉬킨(Fishkin, 물고기 친척), 예수를 끝까지 버리지 않은 로니(Ronnie, Veronica의 약칭). 그리고 우리들의 브래들리 초커스(Chalkers, chalker는 백인 흉내내는 흑인). 새커는 이 책을 칼라에게 헌정했는데, 칼라는 새커가 힐사이드 초등학교 임시교사일 때 만난 상담교사로, 지금은 그의 아내이다.

신데렐라 변주

• 《I Was a Rat!》 신데렐라 때문에 소년이 되어버린 쥐
Philip Pullman | Grade 5
• 《Ella Enchanted》 마법에 걸린 엘라
Gail Carson Levine | Grade 6
• 《Twilight》 벨라와 뱀파이어의 위험한 로맨스
Stephenie Meyer | Grade 7

Blubber

글 **Judy Blume**(1938～, US)
요약 **어른들은 모르는 아이들의 물밑 전쟁**

"Exactly what is going on here?"

미니시[minish는 '비열한 인간(meanish)'을 틀어서 비
꼼] 선생이 놀라 묻는다. 웬디의 웃음을 신호로 로비가 웃
어대고, 아이들이 웃고, 질 브레너도 따라 웃는다. 질에게
는 뚱뚱한 린다를 Blubber(고래지방 또는 징징이)라고 놀려

댈 마음이 눈꼽만큼도 없었다. 웬디가 시작하지 않았다면 그런 일은 일어나지 않았을 것이다. 반장 웬디는 물밑 교실세계를 지배하는 여왕이다. 웬디를 따라 웃고, 웬디를 따라서 괴롭혀야 한다. 그래야 살아남는다. 웬디가 린다를 고래지방이라 부르면 린다는 그날로 고래지방이다.

Wendy shouted, "Here comes Blubber!"
And a bunch of kids called out, "Hi, Blubber."

웬디가 린다를 갈수록 잔인하게 괴롭혀도 질은 웬디의 충실한 동조자로 변해 간다. 어느 날, 아이들이 린다를 교실 옷장에 가두고 가혹한 판결을 내리려는 순간 질은 처음으로 웬디에게 맞선다.

"No lawyer, then no trial."

주디 블룸은 아동문학과 성인문학 양쪽에서 성공한 작가다. 그의 책들은 해리포터가 등장하기 전까지 아동·청소년문학 부문으로는 미국에서 가장 많이 팔렸다.

그녀의 소설 대부분은 미국 백인 중산층 가정을 배경으로 하는데, 다루는 대상의 폭은 좁아도 주제는 도발적이고 다양하다. 이성 문제, 학교폭력, 성 경험, 인종차별 등을 가리지 않고 넘나들며 아이들도 읽을 수 있도록 노력해 왔다.

1974년 출판된 《Blubber》는 따돌림 문제에 정면으로 부딪히면서도 아이들의 심리를 정교하게 그려내고 있다. 이듬해 출간된 《Forever》에서는 청소년문학 최초로 청소년의 성 경험을 다루었다. 이 책은 성애 장면묘사가 너무 노골적이라는 이유로 여전히 미국의 몇몇 주에서는 도서관에 비치하지 않고 있으며, 보급판인 페이퍼백도 영국에서만 출간됐다. 블룸의 딸 랜디가 아이들이 섹스하고 죽어버리는 류의 청소년소설들을 섭렵한 뒤 "두 명의 좋은 아이들이 섹스하고 죽지 않는 뭐 그런 얘기 없어?"라고 물어 문제작 《Forever》가 나왔다.

블룸은 전미 검열반대협회 대변인을 지냈다.

주디 블룸의 다른 문제작들

• 《Iggie's House》 백인 동네로 이사 온 흑인 가족 | Grade 4

• 《Are You There God? It's Me, Margaret》

 마가렛의 고민. 종교, 생리, 이성 | Grade 5

• 《Deenie》 모델 지망생 디니의 척추측만증 | Grade 6

• 《Tiger Eyes》

 아빠를 비참하게 잃고 아픔을 견뎌내는 성장 이야기 | Grade 7

• 《Forever》 사랑과 섹스 | Grade 9+

• 《Summer Sisters》 섹스와 우정 | Grade 9+

Dear Mr. Henshaw

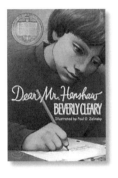

글 **Beverly Cleary(1916~, US)**
그림 **Paul O. Zelinsky(1953~, US)**
요약 **글쓰기는 자신에게 들려주는 이야기**

리 보츠는 그렇게 똑똑하지도 멍청하지도 않다. 생김새
도 보통, 키도 중간이다. 6학년 리는 반에서 가장 평균적
인 혹은 어중간한 아이(The mediumest boy)일 것이다. 엄마
의 성화로 리는 동화작가인 헨쇼에게 5년째 내키지 않는
편지를 쓰고 있다. 편지를 쓰며 리의 글과 생각은 점점 깊
어가고 어느 날인가 일기도 쓰기 시작한다. 헨쇼는 리에

게 격려 편지를 보낸다.

"You wrote like you, and you did not try to imitate someone else. This is one mark of a good writer. Keep it up."

아버지는 큰 트럭에 빠져 여기저기로 떠돌며 어느 때부터인가 집에 잘 오지도 않고 연락도 거의 없다. 리는 계속 글을 쓴다. 좋은 글을 쓰기 위해 꾸준히 쓰고(write), 열심히 듣고(listen), 곰곰이 생각한다(think).

비벌리 클리어리의 다른 책들

- 《Ramona the Pest》두근두근 라모나의 첫 등교 | Grade 3
- 《Henry and Beezus》자전거가 갖고 싶어요 | Grade 4
- 《The Mouse and the Motorcycle》
  라이더 생쥐 랄프 | Grade 4
- 《A Girl from Yamhill》자전소설 | Grade 6

아이들이 보면 좀 심심할 수 있는 심리 위주 책들

- 《Sarah, Plain and Tall》
  기다리던 새엄마 | Patricia MacLachlan | Grade 4
- 《Because of Winn-Dixie》
  빗속 성장기 | Kate DiCamillo | Grade 5
- 《Bridge to Terabithia》
  꿈으로 가는 다리 | Katherine Paterson | Grade 5
- 《A Corner of the Universe》
  자살한 삼촌 그리고 세상의 한구석 | Ann M. Martin | Grade 6
- 《Missing May》
  떠나보낼 수 없는 메이 | Cynthia Rylant | Grade 6
- 《Walk Two Moons》
  엄마를 보러 떠나는 여행길 | Sharon Creech | Grade 6
- 《Tuesdays with Morrie》
  산 사람을 깨우는 스승의 죽음 | Mitch Albom | Grade 8

문법

문법은 단어가 모여 문장을 이루는 규칙이다. 규칙은 문장에 단어가 쓰이는 패턴(반복되는 유형이나 방식)에서 비롯됐다. 하지만 그 규칙은 수많은 용법 중 패턴을 따르는 일부만 설명할 뿐이다. 불규칙은 문법이 규칙으로 설명하기를 포기한 나머지다. 그런데 영어에는 그 나머지 불규칙이 유난히 많다. 오랜 시간을 흐르며 다양한 문화의 유입을 통해 수많은 양분을 흡수해 왔기 때문이다.

　학교에서는 규칙을 이해하고 불규칙을 암기하는 방식으로 문법수업을 진행한다. 아이들은 틀린 문장을 고르고 어색한 표현을 찾는 데 훈련을 집중한다. 문법은 자동차로 보면 운전 매뉴얼이다. 운전교본을 본다고 운전대를 잡을 수는 없다. 차를 몰고 직접 나가보는 것이 교본을 잡고 앉아 있는 것보다 운전이 더 빠르다. 영어도 다르지 않다. 문법에 치중하기보다는 직접 글을 많이 읽는 편이 문법 이해에도 빠르다. 더욱이 자동차는 영어보다 구조가 훨씬 단순하다.

컴퓨터 언어나 에스페란토(Esperanto) 같은 인공어라면 문법에 일관성이 있을 수 있다. 영어는 다르다. 공식에 가까운 시제(tense)조차 표현하는 시점과 동사의 형태가 꼭 일치하지는 않는다. 심지어 부정사(不定詞, infinitive)는 용법이 정해지지 않았다 하여 부정사고, 이름도 어려운 관사(article)는 무질서에 가깝다.

영어는 기계가 아니다. 기계라 하더라도 자동차보다 수십, 수만 배가 복잡한 체계를 지니고 있다. 영어는 차라리 해석이 불가한 인간을 닮았다.

문법은 일종의 영어 사용설명서다. 영어의 백만 분의 일도 설명하지 못하는 사용설명서다. 'She says no/something/a prayer.'는 쓰지만 'She says a story/English.'라고는 쓰지 않는다. 'She told him to get lost.'는 괜찮지만 'She said to him to get lost.'라고는 하지 않는다. 문법은 이에 대한 설명을 포기했다. 한번 시작하면 끝이 없어서다. 그것들을 시시콜콜 설명하느니 직접 겪는 편이 훨씬 나을 테니까.

영문법이 낯선 언어인 영어를 익히는 데 필요할 수도 있겠지만 그보다는 영어책을 많이 읽는 편이 좋다. say의 다양한 용법을 분석하고 정리해 외우는 것보다 글을 읽어가며 say를 수십, 수백 번 만나며 익히는 것이 훨씬 빠르고 효과적이다.

3인칭 단수, 시제, be동사, 어순 등 쉬워 보여도 어제 틀린 사람은 오늘도 틀린다. 그것은 자연스러운 일이다. 안다고 해서 정확하게 쓸 수 있는 것도 아니다. 교본에는 좌회전일 땐 왼쪽 깜빡이, 우회전일 땐 오른쪽 깜빡이라 나와 있지만, 도로에 차를 몰고 나가는 순간 초보 운전자는 그것 말고도 신경 쓸 일이 태산이라 머릿속이 하얗다. 간단해 보이는 깜빡이조차 자유로워지는 데 오랜 시간이 걸린다.

5, 6학년 읽기수준에 이르면 깜빡이가 편해진다. 이때가 문법을 공부하기 가장 좋은 시기다. 이전에 체득했던 규칙의 이름을 알게 되고, 그 패턴을 이해하게 된다. 이전에는 흐릿했던 규칙도 분명해지고, 몰랐던 것도 알게 되

면서 새로운 문장의 세계를 경험하게 된다. 그리고 책을 읽으며 규칙들과 불규칙들을 차곡차곡 쌓아간다. 어느 순간 규칙과 불규칙이 하나가 되어 탱고에 스텝을 맞춘다.

6

5학년 읽기

더 이상 세상은 안전하지 않다. 소피는 아이들을 먹는 거인의 나라로 납치되고(《The BFG》), 에덴에서는 탐욕스런 공장주가 아이들을 재배한다(《The Fire Thief》). 세상은 하수구로 숨어든 로저를 괴물로 둔갑시키고(《I Was a Rat!》), 오팔은 비겁한 아빠를 이해해야 한다(《Because of Winn-Dixie》). 저주받은 스탠리는 누명을 쓰고 소년원에 끌려가 구덩이를 판다(《The Holes》).

신화, 역사, 종교, 꿈 등이 얽혀 이야기가 펼쳐진다. 안팎으로 갈등을 겪으며 인물의 성격도 변화한다. 이제 어른들도 흥미진진하게 즐길 수 있다.

The BFG

글 **Roald Dahl(1916~1990, UK)**
그림 **Quentin Blake(1932~, UK)**
요약 **꿈을 빚는 거인과 꿈꾸는 소피**

밤늦도록 잠 못 이루던 소피는 거인에게 잡혀가고, '이제 꼼짝없이 먹히는구나!' 하는 순간 거인은 껄껄 웃는다.

"I is the Big Friendly Giant!

I is the BFG."

거인나라의 아홉의 형제 거인들(Bone-Cruncher, Man-Hugger, Gizzard-Gulper, Butcher-Boy 등)은 밤마다 아이들을 잡아먹지만, 막내 거인 BFG는 인간 대신 맛없는 오이(snozzcumber)를 먹고 추진방구(whizzpopper)를 뀌어댄다. 말투는 어눌하지만 때로 의미심장한 말도 던진다.

"Human beans is the only animals that is killing their own kind."

*human beans는 human beings를 비꼼. '인간 나부랭이' 정도의 뜻.

아동심리학자 브루노 베텔하임은 어둠과 공포가 아동문학의 비법이고 묘약이라고 말한다. 그의 말대로라면 아이들이 코렐라인이나 해리포터, 황금나침반 혹은 그림형제의 동화를 읽지 않고서는 자기 내면에 숨어 있는 괴물을 다루기 어렵다. 아이들은 무서운 이야기들을 통해 자기 속에 숨어 있는 괴물을 찾아내고, 괴물의 고삐를 틀어쥘 수 있게 되는 것이다.

로알드 달은 어릴 때 누나와 아버지를 잃고 기숙사로 보내졌다. 그곳에서 피를 볼 때까지 매질하며 쾌감을 느끼는 교장을 만난다. 2차대전 때는 공군 전투기조종사로 참전했으나 불시착해 사고로 제대한다. 이후 미국에서 이중간첩으로 지내다 유명 여배우 패트리샤 닐과 결혼했는데, 큰딸은 병으로 죽고, 외아들은 교통사고로 크게 뇌손상을 입는 등 불행을 겪는다. 그는 "히틀러가 미친놈이라도 이유 없이 유대인을 괴롭히지는 않았을 거야."라고 공공연히 말하는 반유대주의자였다.

이야기꾼이 캐릭터인 이야기들

- 《The Lottie Project》 찰리가 들려주는 로티 이야기

  Jacqueline Wilson | Grade 5

- 《The Story of Tracy Beaker》 트레이시는 타고난 작가

  Jacqueline Wilson | Grade 5

- 《The Fire Thief》

  짐이 들려주는 프로메테우스의 또 다른 이야기

  Terry Deary | Grade 5

- 《Walk Two Moons》 친구 피비 이야기

  Sharon Creech | Grade 6

- 《Clockwork》 작가 프리츠가 끝내지 못한 이야기

  Philip Pullman | Grade 6

- 《The Sandman: The Dream Hunters》

  샌드맨이 들려주는 여우와 스님의 애절한 사랑 이야기

  Neil Gaiman | Grade 7

The Fire Thief

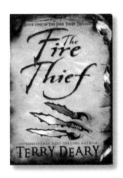

글 **Terry Deary(1946~, UK)**
요약 **인간의 자격, 탐욕의 에덴**

    올림푸스의 제우스는 다시 붙잡혀 온 사촌 테우스를 풀어준다. 하지만 조건이 있다. 시간의 끝까지라도 달려가 한 명의 인간영웅을 찾아내야 한다. 이를 위해 백만 년 후로 날아간 테우스. 그 뒤를 독수리 퓨어리가 쫓는다. 테우스는 악몽 같은 파라다이스 인간의 도시 에덴에 당도한다.

테리 디어리는 어른들이 선정하는 아동문학상 따위에는 관심이 없어 보인다. 툭툭 던지는 말투 때문인지 책을 좀 읽은 아이들이 그의 소설을 즐긴다. B급 이야기를 디테일하게 밀고 나가는 영화감독 쿠엔틴 타란티노와 닮은 구석이 있다. 후속편《Flight of Fire Thief, The Fire Thief Fights Back》은 전작을 따라가지 못한다.

후속편이 전편에 못 미치는 연작들

• 《Charlie and the Great Glass Elevator》
Roald Dahl | Grade 4
• 《Wayside School Gets a Little Stranger》
Louis Sachar | Grade 4
• 《The People of Sparks》 Jeanne DuPrau | Grade 5
• 《Small Steps》 Louis Sachar | Grade 5
• 《Guardians of Ga'Hoole》 Kathryn Lasky | Grade 6
• 《The Land of Silver Apples》 Nancy Farmer | Grade 6
• 《Catching Fire》 Suzanne Collins | Grade 7
• 《New Moon》 Stephenie Meyer | Grade 7
• 《The Valley of Horses》 Jean M. Auel | Grade 9+

I Was a Rat!: or the Scarlet Slippers

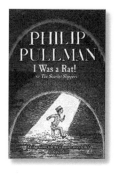

글 **Philip Pullman**(1946~, UK)
그림 **Kevin Hawkes**(1958~, US)
요약 **끔찍한 인간세상, 차라리 쥐가 좋았을걸!**

바람둥이 리처드 왕자가 마침내 약혼했다는 기사가
〈채찍일보(The Daily Scourge)〉의 지면을 도배한다. 한밤중,
누군가 그들의 집 앞에서 문을 두드린다.

    "*Who are you?*"
    "*I was a rat.*"

구두수선공 밥은 피노키오를 찾아 헤매는 제페토이고, 로저는 고아원을 뛰쳐나간 올리버 트위스트다. 오렐리아 공주는 다시 부엌데기가 되고 싶은 신데렐라다.

필립 풀먼의 다른 책들

- 《Aladdin and the Enchanted Lamp》
  알라딘과 마술램프-풀먼 버전 ｜ Grade 3
- 《The Firework Maker's Daughter》
  릴라의 폭죽 퀘스트 ｜ Grade 4
- 《Spring-Heeled Jack》 만화와 소설의 유쾌한 동거 ｜ Grade 4
- 《Count Karlstein》 데몬과 거래하는 카슈타인 백작 ｜ Grade 6
- 《Clockwork》 탐욕에 눈먼 인간, 사랑에 눈뜬 시계 ｜ Grade 6
- 《His Dark Materials》
  가짜 신을 부숴라!-풀먼 최고의 판타지 ｜ Grade 8
- 《Sally Lockhart Trilogy》 빅토리아 시대 스릴러 ｜ Grade 8
- 《The White Mercedes》
  사랑, 복수, 배신 - 셰익스피어 풍의 비극 ｜ Grade 8
- 《The Goodman Jesus and the Scoundrel Christ》
  예수는 쌍둥이 ｜ Grade 9+

Because of Winn-Dixie

글 **Kate DiCamillo(1964~, US)**
요약 **빗속에서 벌어지는 소중한 순간들**

오팔의 가족은 오직 아빠 하나다. 오팔을 사랑하는 엄마는 목사 사모직을 견디지 못하고 집을 나가버렸다. 아빠는 설교에 전력을 다하는 좋은 목회자지만 오팔에게는 그저 목사(the preacher)일 뿐이다. 아빠의 임지를 따라 한여름에 플로리다 나오미로 이사한 외톨이 오팔은 떠돌이 개 윈딕시를 만나 친구가 된다. 윈딕시는 그녀에게서 고독의 냄새를 맡게 되고, 그들은 외로움을 벗어나기 위해 외로운 사람들을 만난다.

케이트 디카밀로의 다른 책들

• 《The Magician's Elephant》

　코끼리와 함께 여동생 찾기 ｜ Grade 4

• 《The Miraculous Journey of Edward Tulane》

　돌고 도는 토끼인형의 꿈 ｜ Grade 4

• 《The Tale of Despereaux》

　불운한 네 인물의 모험담 ｜ Grade 5

• 《The Tiger Rising》호랑이와 롭이 함께 탈출하다 | Grade 6

Holes

글 **Louis Sachar(1954~, US)**
요약 **저주받은 땅에서 퍼올리는 희망**

    할아버지의 할아버지(Yelnats) 때부터 스탠리(Stanley) 집안은 저주받았다. 그런 탓에 스탠리에게는 친구 하나 없고, 학교에선 아이들부터 선생님까지 그를 비웃으며 괴롭힌다. 재수에 옴 붙은 것이다. 하굣길에 하늘에서 난데없이 신발이 하나 떨어지고, 아빠의 연구활동을 위해 그 신발을 챙겼다가 스탠리는 도둑으로 몰려 경찰에 체포된다. 초록캠프(소년원)에 보내진 스탠리는 뙤약볕 속에서 끝도 없이 구덩이를 파기 시작한다.

Stanley는 할아버지의 할아버지의 성 Yelnats를 뒤집어 놓은 이름이다. 이것을 언어유희로만 보기에는 아쉽다. 한 사람이 과거로부터 내려오는 것을 피할 길이 없으며, 그것이 오랜 시간이 흘러 어느 우연한 순간에 해소될 수 있다는 등의 의미를 새겨볼 수 있다. 1장은 군더더기 없이 간결하고 압축적이어서 통으로 외우면 글쓰기에도 큰 도움이 될 듯하다. 한 장면이라도 놓치기 싫은 영화가 있듯, 소설의 한 장면마다 긴장감이 넘쳐 화장실 갈 틈도 없다. 아직도 이 책을 읽지 않았다면 축복받은 사람이다.

7

욕망 그리고 불안

슬이는 영어책을 좋아하지 않는다. 아니, 좋아할 수가 없다. 지겹고 따분하고 짜증난다. 영어책이 세상에서 제일 끔찍하다. 엄마가 자꾸 읽으라고 해서 몇 권은 보았다. 한 권은 그럭저럭 괜찮았던 거 같은데, 나머지는 기억도 안 나고 기억하기도 싫다. 슬이에게 영어책은 죽은 책이다. 영어가 인생에서 영원히 꺼져 줬으면 좋겠다. 그런데 왠지 피할 수는 없을 것 같다는 불안감이 슬이를 괴롭힌다.

슬이가 영어책을 괜히 싫어하는 것은 아니다. 《Lizzie Zipmouth》는 표지가 싫다. 입에 붙은 지퍼가 보기 싫다. 슬이도 리지처럼 엄마 아빠에게 입을 닫아버리고 싶은 때가 많아 재미가 없지는 않았다. 그래도 싫다. 《Esio Trot》도 마음에 들지 않는다. 말을 자꾸 거꾸로 해서 짜증나고, 재수없게 생긴 할아버지가 혼자 잘살고 있는 할머니를 스토킹해서 싫다.

엄마는 너무 귀가 얇다. 맨날 현이 엄마 말만 듣는다. 슬이에게는 주관이 있어야 한다면서 현이 엄마만 만나고 오면 잔소리가 늘고 하라는 게 많다. 영어책도 그때 시작되었다. 그게 마음에 들지 않는다. 왜 하필 또 현이인지. 이상한 목록을 가져와서 뉴베리가 어쩌고 하는데 아무것도 듣지 않고 고개 숙인 채 라면만 계속 먹었다.

슬이는 할 게 많아서 힘들고 불안하다.

"다 너를 위해서지 누굴 위해서겠니? 엄마도 힘들어."

슬이는 이제 그 말도 믿기 힘들고 듣기도 싫다.

'죽도록 하기 싫은데 나를 위해서라고? 엄마를 위해서가 아니고?'

엄마도 고민이 많다.

'이렇게까지 해서 영어를 시켜야 하나? 남들처럼 대충 학원 보내면서 대학 갈 때까지 버티면 되는 거잖아. 그다음이야 제가 알아서 하는 거고. 머리 아프다. 그래도 책 읽는 거 좋을 거 같은데…… 학원 보내도 거기서 거기고. 쟤가 내 말은 아예 듣지도 않고 라면만 먹네. 어떡하지? 아, 짜증난다. 나도 시원한 거나 마셔야겠다.'

슬이에게는 영어를 잘하고 싶은 욕망도 있지만 두려움도 있다. 가보지 않은 길을 선택하기가 쉽지는 않다. 알 수 없는 길이기 때문이다. 그것은 아이들보다 훨씬 자유롭게 선택할 수 있는 어른도 마찬가지다.

영어는 생각과 소통의 수단이다. 그런 의미에서 언어는 생각하고 소통하는 가운데 이루어지는 게 자연스럽다. 외우고 문제 푸는 방식으로는 언어의 확장을 기대하기 어렵다. 일시적으로 성적을 낸다 해도 영어를 언어로 즐기기는 거의 불가능하다. 성적내기용 영어인 것이다.

이러한 기형적인 영어교육은 자신도 모르게 뿌리내린 그릇된 욕망에서 비롯되었다. 그것이 우리와 아이들을 말한 마디도 못하고 글 한 줄도 못 쓰는 성적의 포로로 만들었다. 아이들을 다그치고, 아이들의 실력을 쪼갤수록 우리의 욕망은 타오르고 불안은 가중된다.

자신감과 즐거움

우리의 영어는 성적에 따라 줄을 세우는 언어가 되었다. 죽은 언어, 죽은 영어다. 언어는 소통의 수단이지 경쟁도구가 아니다. 말을 빨리 배우고 잘한다고 해서 소통을 잘하는 건 아니다. 말을 늦게 배우고 조리 있게 말하지 않아도 소통 능력이 뛰어난 사람은 얼마든지 있다.

영어권에서는 영어를 '언어예술(Language art)'이라고 한다. 아이에게 읽기와 쓰기에 대한 애정을 심어주고, 그 능력을 꾸준히 키워 다른 사람의 말과 글을 이해하며, 자신의 생각 표현 능력을 발달시키고, 자신감을 갖게 하는 것이다. 먼저 잘 듣고 그에 대한 자기 입장을 자신 있게 표현할 줄 알게 하는 게 언어의 목적이다. 그리고 그를 위한 전제가 책읽기이다.

읽기에 재미를 붙여 남의 말에 귀 기울일 줄 알고 소통이 자유로워지면 언어는 예술이 되고, 메마른 생각의 정원엔 꽃들이 피어나기 시작한다.

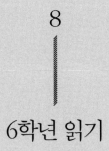

6학년 읽기

이야기가 아이들을 뒤흔든다.

왕궁은 개망나니 왕자의 감옥이고, 먼지를 뒤집어쓴 집은 고집스런 아빠의 무덤이다. 동생의 찢어진 구두는 비겁한 오빠의 얼굴이고, 사악한 시계는 탐욕의 정화장치다. 어린아이는 금단의 꿈을 꾼다.

자욱한 안개와 칠흑 같은 어둠 속에서 제미와 호레이스가 길을 나서고(《The Whipping Boy》), 숨 막히는 먼지 바람을 뚫고 빌리가 아빠의 집으로 돌아온다(《Out of the Dust》). 폭력의 소용돌이에 맞서 바이는 케니의 등대가 된다(《The Watsons Go to Birmingham-1963》). 칼메니우스가 욕심에 눈먼 영혼에서 양심을 훔치는 겨울밤, 그레틀은 차가운 시계장치에 사랑의 숨결을 불어넣는다(《Clockwork》).

코랠라인은 다른 엄마의 문을 잠그고 금단의 꿈을 우물에 봉인한다(《Coraline》).

　바람에 흔들리며 나무는 나무가 되고 꽃은 활짝 피어난다.

The Whipping Boy

글 **Sid Fleischman(1920~, US)**
그림 **Peter Sis(1949~, US)**
요약 **망나니 왕자, 매맞으면 사람 될까?**

　왕의 후계자로 태어난 개망나니 왕자. 왕자는 아무리 사고를 쳐도 매맞지 않는다. 글을 몰라도, 자기 이름을 쓸 줄 몰라도 야단맞지 않는다. 고귀한 왕자를 대신해 그의 옆에는 늘 매맞는 아이가 대기하고 있기 때문이다.

　제미는 왕자의 전담 매맞는 아이다. 그는 하루에도 몇 차례씩 시도 때도 없이 매를 맞지만, 눈물을 보이거나 비명을 지르지 않는다. 개망나니 왕자가 고소해하는 꼴은 죽어도 보기 싫어서다.

안개가 두껍게 깔린 어느 날 밤, 더 이상 지겨움을 참을 수 없어 왕자는 제미를 데리고 궁전을 뛰쳐나오고, 제미는 일생일대의 위기를 맞는다.

《The Whipping Boy》의 작가 시드 플라이슈만은 젊은 시절 마술사로 떠돌았다.

Out of the Dust

글 **Karen Hesse(1952~, US)**
요약 **먼지에서 벗어나 먼지 속으로**

　가난하고 고집 센 빨강머리 농부는 손 하나가 절실해 아들을 바랐지만 딸이 태어나고, 그 딸은 엄마를 닮아 피아노를 좋아한다. 농부는 자신처럼 빨강머리인 딸의 이름을 빌리 조라 지었다.

　빌리가 아홉 살 되던 해, 엄마는 다시 아이를 갖는다.

　3년 동안 지독한 가뭄이 이어지고, 이웃들은 지긋지긋한 먼지를 견뎌내지 못하고 마을을 떠나갔다. 식탁엔 먼지만 말라붙어 쌓이고, 초라한 식탁 위의 동그란 컵 자국만이 먼지 없는 때의 추억이 되었다.

엄마의 배는 불러오고, 곡식은 말라 비틀어졌다. 땅을 갈아엎고 빚을 내어 씨를 뿌린 아빠는 하늘을 바라보며 비가 오리라 믿는다.

표지 인물은 루실 버로우스다. 면화 소작농의 딸인 루실은 1930년대에 앨라바마 헤일 카운티에서 살았던 실존 인물이다. 대공황으로 가장 심한 타격을 입은 이들은 소작농이었다. 헤세는 책을 쓰는 내내 루실의 사진을 옆에 두었던 것으로 전해진다.

사랑하는 이의 죽음을 이겨낸 아이들 이야기

- 《A Taste of Blackberries》친구 제이미의 갑작스런 죽음

  Doris Buchanan Smith | Grade 4

- 《Bridge to Terabithia》

  레슬리 대신 테라비시아로 가는 다리가 되어

  Katherine Paterson | Grade 5

- 《A Corner of the Universe》자살한 삼촌, 세상의 한구석

  Ann M. Martin | Grade 6

- 《Missing May》떠나보낼 수 없는 메이 아줌마

  Cynthia Rylant | Grade 6

- 《Walk Two Moons》엄마를 만나러 가는 여행길

  Sharon Creech | Grade 6

- 《Tiger Eyes》다정했던 아빠를 잃은 혼돈의 시간

  Judy Blume | Grade 7

- 《My Sister's Keeper》

  불치병을 앓는 언니를 위해 태어난 동생

  Jodi Picoult | Grade 8

- 《Tuesdays with Morrie》산 자를 깨우는 스승의 죽음

  Mitch Albom | Grade 8

The Watsons Go to Birmingham-1963

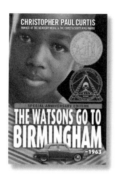

글 **Christopher Paul Curtis**(1953∼, US)
요약 **오빠는 누이를 버리고, 형은 동생을 깨우고**

여름방학을 맞아 왓슨 씨네 다섯 식구는 미시간주 플
린트에서 지글지글 끓고 있는 버밍햄으로 1천 마일을 달
려왔다. 엄마의 고향 앨라바마는 인종차별과 폭력이 공공
연히 자행되는 곳. 온 동네가 공인하는 비행청소년 바이
(Byron)가 철들기 바라 가족이 함께 용광로 속으로 뛰어
든 것이다.

왜소하지만 당차고 엄한 외할머니 샌즈 앞에서 악동

대표 바이는 순한 양이 된다. 동생 케니(Kenneth)는 양처럼 구는 형 바이를 뒤로하고 금지된 호수를 향한다.

인종차별을 다룬 이야기들

- 《The Adventures of Huckleberry Finn》
  선량한 소년과 부패한 사회의 충돌 | Mark Twain | Grade 8
- 《Anthony Burns—The Defeat and Triumph of a Fugitive
  Slave》 도망친 노예의 자유를 향한 투쟁
  Virginia Hamilton | Grade 6
- 《Black like Me》 백인 기자의 뼈저린 흑인 체험기
  John Howard Griffin | Grade 9+
- 《Bud, Not Buddy》 슬프고 웃긴 아빠 찾아 삼만 리
  Christopher Paul Curtis | Grade 6
- 《Iggie's House》
  백인 동네에 이사 온 흑인 가족에게 좋은 이웃 되어주기
  Judy Blume | Grade 4
- 《Roll of Thunder, Hear My Cry》
  땅은 로간 가족을 묶어주는 긍지 | Mildred Taylor | Grade 6

Clockwork or All Wound Up

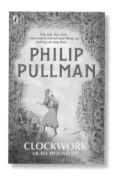

글 **Philip Pullman(1946~, UK)**
그림 **Leonid Gore(RU)**
요약 **탐욕에 눈먼 인간, 사랑에 눈뜬 시계**

시끌벅적한 주막의 한구석에서 시계공 칼이 홀로 괴로움에 떨고 있었다. 시계탑에 전시할 작품을 완성하지 못해서다. 내일이면 모든 것이 끝난다. 마이스터가 되는 꿈은 물거품이 된다. 하지만 그보다 더 두려운 것은 사람들의 비웃음이다. 칼은 차라리 강바닥의 차가운 시체가 되고 싶다.

이야기꾼 프리츠의 미완성 이야기가 펼쳐지고 사람들이 숨죽여 침을 삼키는 순간, 이야기 속 인물이 눈보라를 헤치고 주막에 들어선다. 혼비백산한 사람들이 썰물처럼 빠져나가자 화이트호스 주막은 순식간에 정적에 휩싸인다. 그때 적막을 뚫고 칼에게 다가오는 인물은 악마 같은 칼메니우스 박사. 그는 칼에게 아무 대가 없이 시계기사 아이언 소울을 건네고, 칼은 그에게 떨리는 손을 내민다.

타오르는 욕망을 다스리지 못하면 남는 것은 빈껍데기뿐. 그 불꽃 속에서 이야기는 피어나고, 태엽이 멈출 때까지 이야기는 멈출 수 없다. 레오니드 고어가 삽화를 그리고 데이비드 세일러가 디자인한 하드커버 책은 크림색 펠트 종이에 고풍스런 모노타입 푸르니에 폰트로 인쇄되어 있다. 갖고 싶은 욕망을 불러일으키는 책이다. 하드커버를 구하려면 노력이 필요하다.

Coraline

글 **Neil Gaiman**(1960~, UK)
그림 **Dave McKean**(1963~, UK)
요약 **또 하나의 현실세계 속으로**

　코랠라인(Coraline) 존스는 심심해 미칠 지경이다. 얼마 전에 이사한 외딴집에 친구가 있을 리 없고, 엄마 아빠는 자기 일에만 파묻혀 있다. 위층엔 쥐 서커스를 구상하는 아저씨가 살고, 아래층엔 구멍 뚫린 돌을 건네주는 아줌마 둘이 산다. 그리고 우물을 어슬렁거리는 알 수 없는 고양이. 구석방에는 이상한 문이 하나 있다. 코랠라인은 머

뭇거리며 검은 열쇠로 그 문을 열고 들어간다.

영국의 또 한 명의 천재 작가 필립 풀먼이 이 작품을
격찬한 바 있다. 애니메이션의 경우, 어른들보다 아이들
이 훨씬 좋아해 보자마자 영화에 바로 빠져든다. 닐 게이
먼과 그림작가 데이브 맥킨은 출판계 최강의 호흡을 자
랑하며 《The Wolves in the Walls》,《The Day I Swapped
My Dad with Two Goldfish》,《The Graveyard Book》,《The
Sandman Morpheus》 시리즈도 합작했다. 출간되는 책마
다 호평을 받았다.

닐 게이먼의 다른 책들

- 《Blueberry Girl》딸을 위한 축복의 노래 | Grade 2
- 《The Day I Swapped My Dad with Two Goldfish》
  시시한 아빠 힘겹게 되찾기 | Grade 2
- 《The Wolves in the Walls》벽 속에서 늑대가 노린나 | Grade 2
- 《The Graveyard Book》묘지 속 성장기 | Grade 7
- 《Stardust》사랑을 위해 별 따기 | Grade 7
- 《The American Gods 》
  이주한 신들과 미국 본토 신들의 전쟁 사기극 | Grade 9+
- 《Anansi Boys》거미신 사기꾼 아난시가 쌍둥이? | Grade 9+
- 《Neverwhere》런던 지하의 또 다른 런던 | Grade 9+
- 《The Sandman》
  꿈의 신 모르페우스와 불멸의 형제들 | Grade 9+

9

치유하기

영어는 우리에게 불편한 언어다. 다양한 민족과 인종이 섞여 말들이 늘어나고, 그 말들이 퍼져서 다른 말들과 만나 또 다른 말들을 만들어냈기 때문이다. 그래서 단어도 많고 문법에 불규칙도 많다. 우리 말과 비교해 수와 시간에 엄격하고, 문장성분의 위치 변화에도 민감하다. 또한, 영어는 다른 말들보다 발음이 훨씬 까다롭다.

이처럼 불편하고도 복잡한 영어를 문법, 어휘, 읽기, 쓰기, 말하기, 듣기로 나누어 공부하면 평생을 다 보내고도 제대로 소통하기 어렵다.

영어는 자연스럽게 스며드는 것이 좋으며, 그러기 위해서는 재미와 필요가 뒷받침되어야 한다. 지속적으로 일정한 양이 투입되어야 영어가 몸에 붙기 때문이다. 영어는 입력의 함수다. 약간의 재질 차이로 실력이 늘어나는 기울기는 다를 수 있지만, 입력이 꾸준하면 같은 지점에 도

달하게 된다. 그렇다면 어떻게 해야 꾸준한 입력이 가능
할까?

제일 먼저 떠오르는 것은 시청각 미디어일 것이다. 다
양한 매체를 통해 영화, 애니메이션, 뉴스, 드라마, 다큐
멘터리 등 끝도 없는 콘텐츠가 쏟아져 나오고 있다. 콘텐
츠가 넘쳐난다는 것은 선택하는 입장에서 좋은 환경임에
틀림없다. 시청각 매체의 경우, 눈과 귀의 동시 입력이 가
능하기 때문에 단기적으로는 효율성을 높일 수 있다.

그러나 시청각 매체를 중심적인 입력수단으로 권하기
가 어렵다. 매체의 특성상 장면이 계속 흐르기 때문이다.
반복재생을 하더라도 이야기의 흐름은 끊어질 것이고, 책
에서 누릴 수 있는 상상이나 추리의 힘은 기대하기 힘들
다. 단순한 듣기 훈련일 뿐이다. 이런 이유로 영상물은 보
조적으로 활용하는 것이 좋다.

영상 콘텐츠가 구석구석을 가득 채운 서양화에 가깝다
면, 이야기책은 우리에게 여백을 두어 그 공간을 상상으
로 채우게 하는 동양화에 가깝다. 그 상상이 우리를 다른
세계로 안내하고 살아가는 동력을 제공한다. 때로 이런
경험은 새로운 세계를 창조하는 힘의 원천이 되기도 한

다. J.K. 롤링, 닐 게이먼, 주디 블룸의 이야기들도 그들의 마음속에 오랫동안 머물다 솟아올랐을 것이다.

영어권의 아동·청소년문학은 절정기를 맞이하고 있다. 20세기 후반에 교육열 높은 중산층이 확대되었고, 그에 따라 공공도서관이 우후죽순으로 들어섰으며, 보급판 종이책(paperback)이 대량으로 출판, 유통되었다. 전세계에서 영어를 쓰거나 영어를 배우려는 인구가 비약적으로 늘어났다. 영어권 작가들에게 거대한 시장이 열린 것이다.

미국에서만 매년 5천 권이 넘는 아동문학 신간이 출간된다. J.K. 롤링의 'Harry Potter' 시리즈 첫 권 《Harry Potter and the Philosopher's Stone》이 1997년 출간되어 4억 부가 넘게 팔렸다. 인류 역사상 성경 다음으로 많이 팔린 책이 되었다. 옥스포드, 캠브리지 등 대학 출판부도 소설시장에 뛰어들어 비영어권을 대상으로 각색본(Retelling) 문고전집을 경쟁적으로 찍어내고 있다. 종류와 내용이 다양할 뿐 아니라 책들의 수준도 섬세하게 조율된다. 연령이나 수준별로 단어나 문장을 조절하는 것이다.

정확한 단어와 아름다운 문장으로 머리에 생기가 돌고

가슴에 온기가 흐른다. 아이는 어른을, 어른은 아이를 경험한다.

영어권 아이라도 책을 읽어야 표현을 풍부하게 할 수 있으며, 영어권이 아니라도 읽기의 일정한 양이 입력되면 그들보다 더 아름답고 정확한 말을 사용할 수 있다. 연수를 다녀오고, 유학을 하고, 그곳에서 살다 오더라도 제대로 읽지 않는다면 말하기도 쓰기도 괴로울 수 있다.

proof

《The Power of Reading》의 저자 스티븐 크라센(2004)은 '자유롭고 자발적인 독서(FVR, Free Voluntary Reading)'가 제2언어를 습득하는 가장 좋은 방법이라고 강조한다. 많은 언어교육학자들의 연구 역시 이를 뒷받침하고 있다.

워윅 엘리(1983)는 자신의 '책의 홍수(Book Flood)' 이론을 실증해냈다. 그는 피지에서 영어를 외국어로 배우는 초등학교 4~5학년생들을 세 그룹으로 나눠 수년간 매일 30분씩 수업을 진행했다. 첫 번째 그룹에게는 기존방식으로 수업을 진행했고, 두 번째 그룹에게는 이야기책을 주고 자유롭게 책을 읽혔다. 마지막 그룹에겐 '공동독서 (Shared Reading)' 방식으로 수업을 진행했다. 공동독서는 교사가 책을 읽어준 다음 함께 토의하고, 돌아가며 낭독하고, 이야기를 공연하기도 하며, 그림도 그리고, 사건과 인물을 다르게 각색해 보는 수업방식이다.

1년 후 치른 시험에서 공동독서, 개인독서, 기존방식 그룹의 순으로 결과가 나왔다. 흥미로운 점은 2년 후 치른 시험에서 개인독서 그룹과 공동독서 그룹이 기존방식 그룹보다 월등히 높은 성적을 보였다는 사실이다. 독해, 작문, 문법에서 모두 같은 결과였는데, 이는 어떤 방식으로든 영어독서가 중요하다는 점을 보여준다.

엘리는 싱가포르(1991), 남아프리카(1998), 스리랑카(1998)에서도 유사한 실험을 진행했고, 결과는 같았다. 기존의 영어수업 방식이 영어독서보다 영어 습득에 효과적이지 못한 것이다.

해리 그래드만(1991)은 토플 시험을 치른 비영어권 대학생들을 대상으로 토플 성적과 배경요인 간의 상관관계(Correlation)를 조사했다. 배경요인에는 정규 영어수업 이수 시간, 영어회화 시간, 영어뉴스와 영화 시청 시간, 정규과목 외 독서 시간(영어책, 신문, 잡지 등), 영어공부의 목적과 동기, 영어작문 등이 포함되었다.

연구 결과 '정규과목 외 독서(관심분야의 글을 자유롭게 읽기)'가 토플 성적에 가장 큰 영향을 주었다. 정규수업 시간, 영어회화 시간, 영어작문은 영향력이 미미했다. 굳이 토플 전문학원에 목매지 않아도 독서를 통해 좋은 성적을 낼 수 있는 것이다. 관심분야를 꾸준히 읽는 것으로 단어나 문장의 구조, 문법이 습득되고, 전반적인 언어 능력이 향상될 수 있다는 점을 밝혀낸 것이다.

레베카 콘스탄티노(1997)도 미국 거주 유학생들을 대상으로 토플 성적과 배경요인의 연관 정도를 조사해 비슷한 연구결과를 얻어냈다. 그의 설문항목 중에는 미국 거주기간, 모국어 및 영어독서 습관, TV 시청시간 등이 포함되었다. 이 연구에서도 마찬가지로 '자유로운 독서(Free Reading)'를 즐긴다고 밝힌 응시자들의 토플 성적이 가장 높았다.

자유로운 독서의 중요성을 절감한 콘스탄티노는 빈민지역 도서관에 책을 채우는 '책을 가까이(Access Books)' 운동을 벌여 오프라 윈프리의 'Angel Award'를 수상하기도 했다. 오프라 역시 열렬한 독서가로 알려져 있다.

일본에서도 베니코 메이슨(2007)이 영어를 공부하는 일본 대학생들을 대상으로 자유로운 독서가 토플 성적에 미치는 영향에 대해 실험했다. 학생들은 아주 쉬운 읽을 거리부터 주디 블룸, 시드니 셸던, 파울로 코엘료 등의 소설까지 700여 권의 책에서 스스로 골라 3~15주 동안 매주 70~100페이지씩 읽었다.

읽기 전후의 성적을 비교한 결과 읽기와 듣기, 문법 모든 영역에서 대상 학생들 모두의 성적이 올랐다. 평균적으로는 주당 3.5점씩 올랐는데, 이것은 미국 내에서 실시되는 집중 영어교육 캠프의 평균 상승점수와 거의 같은 결과다. 어학연수나 영어캠프 없이 지속적인 영어독서만으로 토플에서 좋은 성적을 낼 수 있다는 점이 증명되었다.

영어공부를 하기 위해 아이들이 학원에 가고, 문제를 풀고, 연수를 간다. 그렇다고 그것으로 말이 쉽게 트이지도 않고, 성적이 쉽게 오르지도 않는다. 읽기는 쉬우면서도 동시에 선택하기 어려운 길이다. 하지만 가보지 않으면 영원히 경험할 수 없는 길이다.

10

7학년 읽기

7학년 수준 이상의 책들은 성인문학 쪽에 좀 더 가깝다. 평화롭고 안전해 보이던 세상이 마침내 가면을 벗고 추악한 얼굴을 드러내기 시작한다. 살인하고 간음하며, 전쟁을 일으키고 신을 부정한다. 아직 행복한 결말을 버리지는 못하지만, 이전처럼 한결같이 시원하게 끝나지는 않는다.

13세 소녀 샬롯은 혼자 화물선에 오르고(《True Confessions of Charlotte Doyle》), 야수의 성에 감금된 뷰티는 야수에게 결혼을 강요당한다(《Beauty:A Retelling of the Story of Beauty & the Beast》). 헬가는 고통 속에서 희미한 사랑의 빛을 보게 되고(《The Girl from the Marsh Croft》), 프랜시스는 용기를 가장해 자살을 시도하며(《Heroes》), 크리스토퍼는 실타래처럼 얽힌 부모의 불륜을 파헤친다(《The Curious Incident of the Dog in the Night-time》).

The True Confessions of Charlotte Doyle

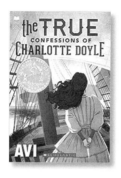

글 **Avi(1937～, US)**
요약 **운명이 걸린 샬럿의 모험**

샬럿은 검고 우람한 화물선 씨호크 호를 바라본다. 그때 함께 떠나기로 한 일행으로부터 승선할 수 없게 되었다는 연락이 당도하고, 샬럿은 씨호크 호의 유일한 여성으로 배에 오른다. 배링턴 기숙학교의 13세 소녀 샬럿은 불안감을 느끼면서도 바다의 짠내에 끌리고, 씨호크 호는 출항을 알린다. 멀어져 가는 리버풀 항을 바라보며 샬럿은 가족이 기다리고 있는 대서양 건너편 로드아일랜드를 향한다.

책을 읽기 전 부록에 있는 선박 관련 용어와 항해시간표를 미리 익혀두는 게 좋다. 배(ship)와 말(horse)을 소재로 한 책에서는 어휘가 읽기를 방해한다. 애비는 젊은 시절 난필증(dysgraphia)을 겪으며 도서관 사서로 지내기도 했다.

애비의 다른 책들

• 《The Secret School》 열네 살 소녀 선생의 비밀학교 | Grade 4

• 《Poppy》 수리부엉이에 맞서는 겁쟁이 들쥐 파피 | Grade 5

• 《Wolf Rider》 늑대 등에 올라탄 양치기 소년 | Grade 5

• 《Crispin, the Cross of Lead》
  크리스핀의 출생 비밀 그리고 모험 | Grade 6

• 《Nothing but the Truth》 학생과 선생의 진실게임 | Grade 7

Beauty: A Retelling of the Story of Beauty and the Beast

글 **Robin McKinley(1952~, US)**
요약 **못생긴 미녀와 친절한 야수 이야기**

'뷰티'는 스스로 지은 이름이다. 언니 둘은 인물이 빼어나 사교계의 꽃으로 살아가지만, 뷰티는 거울을 멀리하고 책읽기와 말타기를 좋아한다. 엄마는 뷰티가 두 살 때 죽었다. 그래도 유복했던 집안은 아빠가 파산하면서 순식간에 몰락의 길을 걷는다. 어느 날 도시에서 돌아오던 아빠가 야수의 성에서 장미를 한 송이 뽑았는데, 그 대가로 뷰티가 야수의 성으로 들어간다. 야수는 곰의 형상에 사자의 갈기를 하고 있지만, 눈은 사람의 눈이다.

"*Will you marry me, Beauty?*"
"*Oh no, Beast.*"

어떤 사랑에는 죽음이 어른거린다. 야수는 미녀를 보내며 죽기를 각오하고, 미녀는 청혼을 받아들이며 죽음을 떠올린다. 사랑하는 가족과도 영원히 이별이다. 백설공주와 신데렐라의 사랑은 구원자를 기다리는 사랑이다. 그녀들은 오로지 백마 탄 왕자를 기다린다.

중요한 것은 미모다. '미녀와 야수'를 각색한 이야기는 넘쳐나지만, 그중 가장 눈에 띄는 작품은 디즈니의 〈슈렉〉이다. 슈렉을 사랑해 미모의 피오나 공주가 슈렉을 따라오게 된다. 이들 사랑을 방해하는 백마 탄 왕자 프린스 차밍은 마마보이에다가 근육질 몸에 돌머리를 장착하고 있다.

《Beauty》는 맥킨리가 스물여섯에 출간한 첫 책이다.

The Girl from the Marsh Croft

글 **Selma Lagerlof(1858~1940, SE)**
요약 **인간 구원의 순결성(수치와 명예 그리고 사랑)**

시골마을의 재판정. 마지막 사건을 심리 중인 재판장은 몇 시간째 연달아 재판을 진행하여 진이 다 빠져버렸다. 유부남 농장주가 하녀에게 임신을 시켰으나 자신의 아이가 아니라 주장하고, 하녀는 아이의 아빠인 농장주가 양육비를 지불해야 한다고 고소한 사건이었다.

아이를 출산한 하녀 헬가는 불결한 여인으로 낙인찍혀 일자리를 구할 수 없는 처지였다. 아이는 추위와 굶주림으로 죽어가고 있었다. 수치심에 몸을 떨며 재판에 응하던 헬가는 농장주가 성서에 손을 얹으려는 순간 울음을 멈추고 앞으로 뛰쳐나가 성경을 움켜쥐고 피고의 맹세를 막는다. 재판장의 명령에도 꼼짝하지 않은 채 그녀는 소리친다.

"He cannot take the oath!"

피고가 잘못된 맹세를 하여 영원히 지옥불에 떨어지는 것을 용납할 수 없었던 것이다. 결국, 그녀는 고소를 취하한다. 그 순간 재판장의 가슴엔 뭔가 요동치며 변화가 일었다. 부끄러움이었다. 원고 헬가를 바라보던 재판장은 그곳에 앉아 있는 사람들을 찬찬히 돌아가며 살펴보았다. 그들의 얼굴에는 환한 빛이 흐르고, 영혼은 행복감으로 가득해 보였다.

그 후 나르룬다 농가의 하녀로 일하게 된 헬가는 농가의 작은 주인이자 마을의 일등 신랑감 구드문트에 마음이 끌리지만 감히 드러내지는 못한다. 구드문트는 마을에서 가장 아름답고 지체 높은 여인 힐두어와 곧 결혼할 예

정이다.

    만연체에 가정법이 시도 때도 없이 나타나 읽기가 쉽지 않지만 긴장감이 있어 몰입도가 매우 높다. 긴 호흡과 이야기의 밀도 그리고 묵직한 주제를 끌고 간다는 점에서 우리로 보면 박완서보다는 박경리에 가깝다고 할 수 있겠다. 1909년, 라게를뢰프는 여성 최초로 노벨문학상을 수상했다.

    벨마 하워드의 영어본은 저작권 시효가 만료되어 인터넷에서 쉽게 e북으로 구할 수 있다.

Heroes

글 **Robert Cormier(1925～2000, US)**
요약 **영웅에 맞서는 상처받은 영웅**

프랜시스 카사반은 2차대전 중 수류탄에 몸을 던져 전우를 구해내고 은성훈장을 받았다. 수류탄 파편으로 얼굴의 대부분을 잃고 스카프로 얼굴을 가린 채 그는 고향으로 돌아온다. 눈과 고막 그리고 성대만 간신히 남아 있는 상태였다. 열여덟의 프랜시스가 그래도 목숨을 포기하지 않고 고향에 온 이유는 어린 시절 매뉴먼트의 영웅이었던 래리를 살해하기 위해서다.

로버트 코마이어 작품의 주인공은 부조리한 현대사회의 위태로운 청소년들이다. 정신병자(《I Am the Cheese》)고 연쇄살인범(《Tenderness》)이며 집단 린치의 제물(《The Chocolate War》)이다. 이 작품의 주인공 역시 그들과 크게 다를 바 없는 얼굴 없고 이름 없는 어린 전쟁영웅이다.

이 작품에서 작가는 독자가 견디지 못할 정도로 이야기를 끝까지 몰아붙인다. 그러면서도 희망과 재미는 포기하지 않는다. 책을 한 번 잡은 독자는 앞이 보이지 않는 짙은 안개 속에서도 쉽사리 책을 내려놓지 못한다. 바닥까지 내려간 주인공이 절망에 굴복하고 말지 확인하고 싶은 욕구가 올라오기 때문이다.

코마이어의 단편집 《Eight Plus One》에 수록된 〈President Cleveland, Where Are You?〉는 미국 6학년 교과서에 실려 있다.

로버트 코마이어의 다른 책들

• 《Eight Plus One》

 그립고 씁쓸한 순간을 포착한 단편 모음 8+1 | Grade 7

• 《The Chocolate War》

 학교 안에서 벌어지는 무서운 전쟁 | Grade 8

• 《Fade》 투명인간 아이의 눈에 비친 추악한 장면들 | Grade 8

• 《I Am the Cheese》

 진실에 다가설수록 혼란을 느끼는 소년 | Grade 8

The Curious Incident of the Dog in the Night-time

글 · 그림 **Mark Haddon(1962~, UK)**
요약 개 살해 사건을 파헤치다 가족의 비밀을 드러내다

2년 전 엄마를 잃은 열다섯 살의 크리스토퍼 부운은 자폐아로 수학에 뛰어난 재능을 지니고 있다. 하지만 사람들의 농담을 이해하지 못하고 몸에 손을 대면 소리치는 등 감정이 남과 다르다. 그래서 단순하고 거짓말하지 않는 개를 좋아한다.

어느 날 밤 크리스토퍼가 이웃집 시어스 부인의 푸들

웰링턴이 잔인하게 살해된 것을 발견하고 사건에 뛰어든다. 아빠의 반대에도 크리스토퍼는 일일이 기록하며 시어스를 범인으로 좁혀간다. 그 과정에서 크리스토퍼는 아빠와 시어스 부인 그리고 엄마와 시어스 사이에 뭔가 얽혀 있다는 사실을 알게 된다.

자폐아가 파헤친 인간의 실상은 개만도 못하다. 크리스토퍼에게 수학은 세상을 이해하는 규칙이다. 그는 인생을 소수로 이해한다.

마크 해던은 젊은 시절 자폐아들과 함께 시간을 보냈다. 이 책은 '어른이 되기 전에 읽어야 할 1001권의 책'과 '죽기 전에 읽어야 할 1001권의 책'에 동시에 올라 있다. 아이도 어른도 모두 즐길 수 있다.

11

에필로그

인간은 재미있는 이야기를 듣고 싶어하고, 재미있는 이야기를 하고 싶어한다. 듣는 사람이 좋아하면 들려주는 사람은 쾌감을 느낀다. 이야기는 우리가 경험하지 못하는 세상과 우리가 경험하고 있는 세상을 보여준다. 우리를 지금 여기 자신으로부터 벗어나게 했다가 벗어난 바로 그 지점에서 지금 여기 자신을 보게 한다. 그래서 이야기는 세상을 비추는 거울이며, 그 거울은 다시 자신을 비춘다.

우리는 살아가며 이야기를 벗어날 수가 없다. 누구나 자기 소설 한 권쯤은 가지고 있다. 이야기를 하고 싶은 사람들은 영화로 소설로 만화로 SNS로 그리고 삶의 현장 속으로 뛰어든다. 우리는 뻔한 현실을 벗어나기 위해 더 재미있는 이야기를 찾아 헤맨다. 화장실에 앉아서도, 밥 숟가락을 들고서도 이야기와 떨어지지 않으려 한다. 이야기와 붙어산다.

우리는 이야기를 통해 욕망의 불꽃을 태우다가 그 덧없음에 불꽃을 조절하고, 달콤한 사랑에 배어 있는 고통의 쓴맛을 보기도 한다. 악과 맞서다 처절한 패배감에 젖기도 하며, 때로 한없이 바닥으로 떨어지는 절망 속에서 피할 수 없는 고독을 느낀다.

이야기가 모두 책으로 이루어질 수는 없겠지만, 책이 아니면 갈 수 없는 길도 있다. 영화나 드라마 속 인물은 비교적 구체적이고 생생하지만, 소설에서처럼 상상력을 주지는 못한다. 소설의 인물 묘사가 영상 속 인물만큼 분명할 수 없으며, 그 비어 있는 부분을 독자는 상상으로 채워간다.

그런 의미로 책은 다른 매체에 비해 에너지 소모가 더 크다고 할 수 있고, 그래서 경쟁력이 떨어질 수 있다. 하지만 그 틈에서 책이 가진 독특한 힘이 발휘된다. 인간의 본성인 이야기하고 싶거나 만들고 싶어하는 욕구를 책이 자극하는 것이다. 이때 깊이 잠들고 있는 상상력도 함께 깨어난다. 그 상상력이 우리를 살아가게 하는 동력이 된다.

한 작가의 작품 속에는 자신만의 맛이 숨겨져 있다. 우리가 그 맛을 알기 위해서는 이것저것 많이 먹으며 미각의 힘을 키우는 수밖에 없다. 그렇지 않으면 그 맛을 볼 기회는 없다.

지구를 거미줄처럼 뒤덮은 인터넷에 저장된 정보의 80 퍼센트가 영어이고, 전세계 우편물의 4분의 3과 전문학술지의 절반이 영어로 쓰인다. 정보의 저장과 교류가 통합되면서 영어의 지배력은 오히려 강해지고 있다. 이야기 독자는 많아지고 커진 시장이 이야기를 키운다. 좋든 싫든 우리는 그 흐름에서 쉽게 벗어날 수 없을 것 같다. 반면, 영어를 이야기로 혹은 이야기를 영어로 접하기에는 역사상 가장 좋은 환경을 맞이하고 있는 것도 사실이다.

어차피 그리고 기왕에 영어를 할 거라면 이야기로 재미있게 영어를 만나 우리 속에 깊이 잠들고 있는 이야기 본능을 깨워 봄이 어떨까?

The Road Less Traveled by

우리의 언어는 이야기에서 출발했다. 아무것도 없던 것에서 눈빛으로 표정으로 음성으로 익히고 부딪히며 우리의 몸과 입에 붙인 것이다. 모두가 그렇게 언어를 처음 만나고 익혀 왔다. 특별히 누가 가르치거나 고안한 방법도 아니다. 오랫동안 저절로 체득한 것이다. 우리는 다른 말을 배울 때 그 자연스러운 방식을 외면한 채 쉽고 더 빨리 갈 수 있을 것 같은 방법을 고안해냈다. 의미 없는 욕망의 열차에 올라탄 것이다. 그리고 그것은 쓸데없이 어마어마한 비용을 지불하면서도 이야기를 죽이고 언어를 죽이는 이상한 결과를 낳았다.

'이야기로 영어 배우기'는 선뜻 발을 내딛기 어려운 길이다. 우리는 남들 가는 대로 얼핏 보기에 쉽고 탄탄해 보이는 길을 선택해 왔다. 매일같이 단어 외우고, 문제 풀고, 야단맞으며 경쟁하는 그 길. 쉬워 보이지만 재미없고, 가기 싫어도 가야만 했던 길!

끝없이 펼쳐진 그 뜨거운 아스팔트 위로 사람들이 줄지어 걸어간다. 어린아이들도 적지 않다. 그 옆으로 아름답고 호젓한 길이 이어져 있는데 아무도 보려 하지 않는다.

12

추천 도서

책은 재미있고 수준에 적합한 것으로 잘 선택해야 한다. 잘 골랐어도 재미없으면 내려놓는 게 좋다. 수준이 맞지 않으면 재미도 없다. 3학년 수준이 7학년 수준의 책을 읽을 수는 없다. 아이들이라면 메시지도 아이들이 공감할 만한 것으로 골라야 한다. 영어를 잘한다고 아홉 살짜리 아이에게 주디 블룸의《서머 시스터즈》나 셀마 라게를뢰프의《늪텃집 처녀》를 읽힐 수는 없다.

이 책에 추천된 도서는 읽기수준별로 50권씩인데, 1주에 한 권씩 읽으면 1년 치 독서량에 해당된다. 영어권 아이들은 1년에 평균 24권의 자율독서를 하는 것으로 알려져 있다. 비영어권에서 1년에 50권을 읽으면 영어권 아이들 못지않은 읽기 능력을 갖출 수 있다.

Bedtime Reading

빅터 넬(1988)은 취침독서에 대해 흥미로운 실험을 했다. 두뇌의 각성 수준이 책을 읽는 동안 높게 유지되다가 책을 덮는 순간 뚝 떨어진다는 사실이다. 잠자려고 애쓰는 것보다 책보는 게 훨씬 효과적이라는 실험결과다. 책은 강력하고도 유익한 수면제인 것이다.

The Clock

우리 머릿속에는 각자의 시계가 있다. 하지만 속도는 제각각이다. 3학년 수준에서 4학년으로 올라가는 데 두 달도 걸리고 세 달도 걸린다. 인간은 동일한 맛과 동일한 가격이 찍혀 있는 참치 캔이 아니다. 등급을 나누면 나눌수록 우리는 한없이 작아지고 실패할 확률은 점점 높아진다.

영어읽기는 나누기보다 쌓아 가고 붙여 가는 게 중요하다. 미분이 아니라 적분에 가깝다. 느리게 가도 시계태엽은 돌아가고, 빨리 돌아가도 태엽은 멈춘다. 언어는 꾸준히 시도하면 누구나 탈 수 있게 되는 자전거와 같다. 그 감각이 몸에 붙으면 몸은 그것을 언제라도 기억한다.

안타깝게도 우리 고등학생들은 자율독서가 거의 불가능하다. 대입 준비만으로도 에너지 소모가 크기 때문이다. 잠잘 시간도 부족한 아이들에게 책까지 읽으라는 것은 가혹한 일이다. 그래서 영어책을 비롯한 모든 책읽기는 중3까지라고 보는 게 현실적이다. 대입을 서두르는 부모 입장에서는 중학생도 책읽기가 어렵다고 생각할지 모르겠지만, 중3까지는 즐겁게 책을 읽히는 편이 좋다.

고3 수험생도 입시를 마치면 하루 30분 정도 영어읽기에 투자해 보는 것이 어떨까? 괜히 영어학원 기웃거려야 아무것도 남지 않는다. 성인의 경우도 다르지 않다.

The Beast

추천도서에는 무섭고 기이하며 때로 선정적인 책들도 포함되어 있다. 이런 책들은 시기를 잘 선택해 골라야 한다. 때가 되면 꼭 읽게 되길 바란다. 현실세계에서는 구두만 발에 맞으면 팔자가 핀다든가, 계속 잠만 자고 있어도 왕자가 나타나는 따위의 일은 일어나지 않는다. 오히려 우리에게 야수와 대면하라고 매일같이 등을 떠민다. 우리는 이런 이야기들로 자신을 돌아보고 가혹한 현실을 버텨낸다.

영어가 먼 길을 함께 가는 좋은 친구로 남길 바란다.

Grade 0—Readings

1 《The Adventures of the Disdh and the Spoon》
Mini Grey | Age 6～8

2 《Alexander and the Terrible, Horrible, No Good,
Very Bad Day》 Judith Viorst | Age 6～8

3 《Amelia Bedelia Series》 Peggy Parish | Age 6～8

4 《Angelina Ballerina》 Katharine Holabird | Age 4～5

5 《The Berenstain Bears Series》
Stan and Jan Berenstain | Age 4～5

6 《Blueberries for Sal》 Robert McCloskey | Age 6～8

7 《Book of Nonsense》 Edward Lear | Age 6～8

8 《Brown Bear, Brown Bear, What Do You See?》
Bill Martin Jr., Eric Carle | Age 4～5

9 《Burglar Bill》 Allan Ahlberg | Age 4～5

10 《Can't You Sleep, Little Bear?》
Martin Waddell | Age 4～5

11 《The Cat in the Hat 》 Dr. Seuss | Age 4～5

12 《Clown》 Quentin Blake | Age 4～5

13 《Corduroy》 Don Freeman | Age 4～5

14 《Curious George Series》 Margaret Rey | Age 4～5

15 《Elmer》 David McKee | Age 1～4

16 《Flat Stanley》 Jeff Brown | Age 6～8

17 《Frog and Toad Series》 Arnold Lobel | Age 6～8

18 《Frog in Winter》 Max Velthuijs | Age 4～5

19 《Fungus the Bogeyman》 Raymond Briggs | Age 6～8

20 《The Giving Tree》Shel Siverstein | Age 6~8

21 《Goodnight Moon》Margaret Wise Brown | Age 1~4

22 《Gorilla》Anthony Browne | Age 4~5

23 《In the Night Kitchen》Maurice Sendak | Age 4~5

24 《Lavender's Blue》Kathleen Lines | Age 1~4

25 《The Little Red Riding Hood》

 Trina Schart Hyman | Age 6~8

26 《Llama, Llama, Red Pajama》Anna Dewdney | Age 6~8

27 《Love You Forever》Robert Munsch | Age 4~5

28 《Madeline》Ludwig Bemelmans | Age 4~5

29 《Make Way for Ducklings》Robert McCloskey | Age 1~4

30 《Mr. Popper's Penguins》Richard Atwater | Age 6~8

31 《Nate the Great Series》

 Marjorie Weinman Sharmat | Age 6~8

32 《One Snowy Night》Nick Butterworth | Age 4~5

33 《Peace at Last》Jill Murphy | Age 4~5

34 《The Snowman》Raymond Briggs | Age 4~5

35 《Stina》Lena Anderson | Age 4~5

36 《Strega Nona》Tomi DePaola | Age 6~8

37 《The Story about Ping》Marjorie Flack | Age 4~5

38 《The Tale of Peter Rabbit》Beatrix Potter | Age 4~5

39 《The Three Robbers》Tomi Ungerer | Age 6~8

40 《The True Story of the Three Little Pigs!》

 Jon Scieszka | Age 6~8

41 《Unknown or Forgotten Princesses》

Philippe Lechermeier | Age 4~5

42 《Up in the Tree》Margaret Atwood | Age 4~5

43 《The Very Hungry Caterpillar》Eric Carle | Age 1~4

44 《We're Going on a Bear Hunt》Michael Rosen | Age 1~4

45 《Where the Sidewalk Ends》Shel Silverstein | Age 6~8

46 《Where the Wild Things Are》Maurice Sendak | Age 4~5

47 《Where's Spot?》Eric Hill | Age 1~4

48 《Winnie the Witch》Valerie Thomas | Age 4~5

49 《Winnie-the-Pooh》A.A. Milne | Age 4~5

50 《The Wonderful Tree》Ulf Lofgren | Age 4~5

Grade 1-3 Readings

1 《26 Fairmount Avenue》Tomie de Paola | Grade 2

2 《A to Z Mysteries》Ron Roy | Grade 2

3 《Aladdin and the Enchanted Lamp》Philip Pullman | Grade 2

4 《Amber Brown Series》Paula Danziger | Grade 2

5 《Anancy Spiderman》James Berry | Grade 1

6 《Are We There Yet?》Alison Lester | Grade 1

7 《Arthur Chapter Books》Marc Brown | Grade 2

8 《A Bear Called Paddington》Michael Bond | Grade 2

9 《The Boy Who Grew Flowers》Jen Wojtowicz | Grade 1

10 《The Cat Mummy》Jacqueline Wilson | Grade 3

11 《The Catwings Collection》Ursula Le Guin | Grade 2

12 《Cliffhanger》Jacqueline Wilson | Grade 2

13 《Doctor De Soto》William Steig | Grade 1

14 《The Enormous Crocodile》Roald Dahl | Grade 1

15 《Esio Trot》Roald Dahl | Grade 3

16 《Fantastic Mr. Fox》Roald Dahl | Grade 3

17 《Flat Stanley Series》Jeff Brown | Grade 2

18 《Franny K. Stein Series》Jim Benton | Grade 2

19 《George's Marvelous Medicine》Roald Dahl | Grade 3

20 《The Giraffe and the Pelly and Me》Roald Dahl | Grade 2

21 《The Hodgeheg》Dick King-Smith | Grade 2

22 《The Hundred Dresses》Eleanor Estes | Grade 3

23 《Horrid Henry Series》Francesca Simon | Grade 2

24 《Junie B. Jones Series》Barbara Park | Grade 2

25 《Linnea in Monet's Garden》Christina Bjork | Grade 2

26 《Lizzie Zipmouth》Jacqueline Wilson | Grade 3

27 《Lon Po Po》Ed Young | Grade 1

28 《The Magic Finger》Roald Dahl | Grade 2

29 《Magic Tree House Series》Mary Pope Osborne | Grade 2

30 《Marvin Redpost Series》Louis Sacher | Grade 3

31 《My Father's Dragon》Ruth Stiles Gannett | Grade 3

32 《My Weird School Series》Dan Gutman | Grade 2

33 《The New Kid on the Block》Jack Prelutsky | Grade 1

34 《The Night Pirates》Peter Harris | Grade 1

35 《Oh, the Places You'll Go》Dr. Seuss | Grade 1

36 《Olivia Sharp Series》Marjorie Weinman Sharmat | Grade 2

37 《Ramona Series》Beverly Cleary | Grade 3

38 《Rip-Roaring Russell》Johanna Hurwitz | Grade 2

39 《Robert and the Snake Escape》Barbara Seuling | Grade 2

40 《Sleepovers》Jacqueline Wilson | Grade 3

41 《The Stinky Cheese Man》Jon Scieszka | Grade 2

42 《Stone Fox》John R. Gardiner | Grade 3

43 《Peter Rabbit Tales》Beatrix Potter | Grade 3

44 《The Polar Express》Chris Van Allsburg | Grade 1

45 《The Time Wrap Trio Series》Jon Scieszka | Grade 2

46 《The Twits》Roald Dahl | Grade 3

47 《Wolves》Emily Gravett | Grade 1

48 《The Zack Files》Dan Greenburg | Grade 2

49 《Zen Shorts》Jon J Muth | Grade 2

50 《You're All My Favorites》Sam McBratney | Grade 1

Grade 4 Readings

1 《The Bed and Breakfast Star》Jacqueline Wilson

2 《The Best Christmas Pageant Ever》Barbara Robinson

3 《Bill Peet—An Autobiography》Bill Peet

4 《Blubber》Judy Blume

5 《The Borrowers Series》Mary Norton

6 《Buried Alive!》Jacqueline Wilson

7 《Captain Underpants Series》Dav Pilkey

8 《Charlie and the Chocolate Factory》Roald Dahl

9 《Dear Mr. Henshaw》Beverly Cleary

10 《Dogs Don't Tell Jokes》Louis Sacher

11 《Double Act》Jacqueline Wilson

12 《Dragon Slayers' Academy Series》Kate McMullan

13 《The Firework-Maker's Daughter》Philip Pullman

14 《Fudge Series》Judy Blume

15 《Frindle》Andrew Clements

16 《Geronimo Stilton Series》Geronimo Stilton

17 《Harriet the Spy》Louise Fitzhugh

18 《Henry Huggins Series》Beverly Cleary

19 《The Hundred Dresses》Eleanor Estes

20 《Iggie's House》Judy Blume

21 《James and the Giant Peach》Roald Dahl

22 《The Janitor's Boy》Andrew Clements

23 《The Jazz Man》Mary Hays Weik

24 《Johnny's in the Basement》Louis Sacher

25 《The Landry News》Andrew Clements

26 《The Magician's Elephant》Kate DiCamillo

27 《The Miraculous Journey of Edward Tulane》Kate Dicamillo

28 《The Mouse Butcher》Dick King-Smith

29 《On My Honor》Marion Dane Bauer

30 《Pippi Longstocking Series》Astrid Lindgren

31 《Poppy Series》Avi

32 《Ralph S. Mouse Series》Beverly Cleary

33 《The Reluctant Dragon》Kenneth Grahame

34 《The Report Card》Andrew Clements

35 《Rowan of Rin Series》Emily Rodda

36 《Sarah, Plain and Tall Quartet》Patricia MacLachlan

37 《The Scarecrow and His Servant》Philip Pullman

38 《A Series of Unfortunate Events》Lemony Snicket

39 《Shiloh Trilogy》Phyllis Reynolds Naylor

40 《Someday Angeline》Louis Sacher

41 《Spring-Heeled Jack》Philip Pullman

42 《Stuart Little》E.B. White

43 《A Taste of Blackberries》Doris Buchanan Smith

44 《There's a Boy in the Girls' Bathroom》Louis Sachar

45 《Tuck Everlasting》Natalie Babbitt

46 《Ulysses Moore Series》Pierdomenico Baccalario

47 《Wayside School Series》Louis Sacher

48 《The Witches》Roald Dahl

49 《The Worry Website》Jacqueline Wilson

50 《The Worst Witch Series》Jill Murphy

Grade 5 Readings

1 《Alex Rider Adventures》Anthony Horowitz

2 《Are You There, God? It's Me, Margaret》Judy Blume

3 《Bad Girls》Jacqueline Wilson

4 《Because of Winn-Dixie》Kate DiCamillo

5 《The BFG》Roald Dahl

6 《Bloomability》Sharon Creech

7 《The Boy Who Lost His Face》Louis Sacher

8 《Bridge to Terabithia》Katherine Paterson

9 《Cathedral—The Story of Its Construction》David Macaulay

33 《Mr. Popper's Penguins》 Richard and Florence Atwater

34 《Mrs. Frisby and the Rats of NIMH》 Robert C. O'Brien

35 《My Side of the Mountain》 Jean Craighead George

36 《Redwall Series》 Brain Jacques

37 《Ruby Holler》 Sharon Creech

38 《Rules》 Cynthia Lord

39 《The Saga of Darren Shan》 Darren Shan

40 《The Story of Tracy Beaker》 Jacqueline Wilson

41 《The Suitcase Kid》 Jacqueline Wilson

42 《The Summer of the Swans》 Betsy Byars

43 《The Tale of Despereaux》 Kate DiCamillo

44 《The View from Saturday》 E.L. Konigsburg

45 《A Week in the Woods》 Andrew Clements

46 《The Wheel on the School》 Meindert Dejong

47 《Where the Red Fern Grows》 Wilson Rawls

48 《Winnie-the-Pooh》 A.A. Milne

49 《Wolf Rider》 Avi

50 《A Wrinkle in Time》 Madeleine L'Engle

Grade 6 Readings

1 《Animal Farm》 George Orwell

2 《Anthony Burns—The Defeat and Triumph of
  a Fugitive Slave》 Virginia Hamilton

3 《Bud, Not Buddy》 Christopher Paul Curtis

4 《The Children's Homer—The Adventures of Odysseus

and the Tale of Troy》Padraic Colum

5 《Christ Legends》Selma Lagerlof

6 《Clockwork—Or All Wound Up》Philip Pullman

7 《Collected Short Stories》Roald Dahl

8 《Coraline》Neil Gaiman

9 《A Corner of Universe》Ann M. Martin

10 《Count Karlstein》Philip Pullman

11 《Crispin, the Cross of Lead》Avi

12 《Dustbin Baby》Jacqueline Wilson

13 《Ella Enchanted》Gail Carson Levine

14 《Girls Quartet》Jacqueline Wilson

15 《The Giver》Lois Lowry

16 《Guardians of Ga'Hoole Series》Kathryn Lasky

17 《Harry Potter Series 4~7》J.K. Rowling

18 《Hatchet》Gary Paulsen

19 《Hattie Big Sky》Kirby Larson

20 《The Hunger Games Trilogy》Suzanne Collins

21 《I Am David》Anne Holm

22 《The Illustrated Mum》Jacqueline Wilson

23 《Inkheart Trilogy》Cornelia Funke

24 《Kira-Kira》Cynthia Kadohata

25 《Little Women》Louisa May Alcott

26 《The Master Puppeteer》Katherine Paterson

27 《M.C. Higgins, the Great》Virginia Hamilton

28 《Missing May》Cynthia Rylant

29 《Noughts & Crosses》Malorie Blackman

30 《Number the Stars》Lois Lowry

31 《Old Yeller》Fred Gipson

32 《Out of the Dust》Karen Hesse

33 《The River》Gary Paulsen

34 《Red Scarf Girl—A Memoir of the Cultural Revolution》
   Ji-Li Jang

35 《Roll of Thunder, Hear My Cry》Mildred Taylor

36 《The Sea of Trolls Trilogy》Nancy Farmer

37 《The Secret Garden》Frances Hodgson Burnett

38 《Secrets》Jacqueline Wilson

39 《Slake's Limbo》Felice Holman

40 《The Slave Dancer》Paula Fox

41 《The Telltale Heart and Other Writings》Edgar Allan Poe

42 《The Thief Lord》Cornelia Funke

43 《The Tiger Rising》Kate DiCamillo

44 《Twilight Saga》Stephnie Meyer

45 《Two Princesses of Bamarre》Gail Carson Levine

46 《Walk Two Moons》Sharon Creech

47 《The Watsons Go to Birmingham—1963》
   Christopher Paul Curtis

48 《The Westing Game》Ellen Raskin

49 《The Whipping Boy》Sid Fleischman

50 《The Witch of Blackbird Pond》Elizabeth George Speare

Grade 7+ Readings

1 《The Adventures of Huckleberry Finn》
Mark Twain | Grade 9+

2 《Anne of Green Gables》L.M. Montgomery | Grade 7

3 《Anne Frank—The Diary of a Young Girl Hiding
from the Nazis》Anne Frank | Grade 7

4 《Beauty—A Retelling of the Story of Beauty & the Beast》
Robin McKinley | Grade 7

5 《Black like Me》John Howard Griffin | Grade 9+

6 《The Call of the Wild》Jack London | Grade 7

7 《The Catcher in the Rye》J.D. Salinger | Grade 8

8 《The Chocolate War》Robert Cormier | Grade 8

9 《The Collected Short Stories》Jeffrey Archer | Grade 8

10 《The Curious Incident of the Dog in the Night-time》
Mark Haddon | Grade 8

11 《David Copperfield》Charles Dickens | Grade 8

12 《Dune Chronicles》Frank Herbert | Grade 8

13 《Earth's Children》Jean M. Auel | Grade 9+

14 《Eight Plus One》Robert Cormier | Grade 7

15 《Fade》Robert Cormier | Grade 8

16 《Forever》Judy Blume | Grade 8

17 《The Girl from the Marsh Croft》Selma Lagerlof | Grade 7

18 《The Good Man Jesus and the Scoundrel Christ》
Philip Pullman | Grade 9+

19 《The Graveyard Book》Neil Gaiman | Grade 7

참고

ⅰ. 페나크, 다니엘. 이정임 옮김. 《소설처럼》 문학과지성사. 2004.

ⅰ. Coxhead, Averil. 《Essentials of Teaching Academic Vocabulary》 Houghton Mifflin. 2006.

ⅰ. Day, Richard, et al. 《Extensive Reading in the Second Language Classroom.》 Cambridge University Press. 1998.

ⅰ. Eccleshare, Julia, et al. 《1001 Children's Books You Must Read before You Grow Up》 Universe. 2009.

ⅰ. Flesch, Rudolf. 《The Art of Readable Writing》 Collier Books. 1949.

ⅰ. Gaiman, Neil, et al. 《The Sandman》 DC Comics. 2009.

ⅰ. Krashen, Stephen. 《The Power of Reading》 Heineman. 2004.

ⅰ. Lipson, Eden. 《The New York Times Parent's Guide to the Best Books for Children》 Random House. 2000.

ⅰ. McCrum, Robert, et al. 《The Story of English》 Penguin Books. 2002.

ⅰ. Newsweek Education Program. 《Essay Writing for High School Students: A Step-by-Step Guide》 Simon & Schuster. 2005.

ⅰ. Trelease, Jim. 《The Read-Aloud Handbook》 Penguin Books. 2006.

ⅰ. Watson, Victor. 《The Cambridge Guide to Children's Books in English》 Cambridge University Press. 2001.